新实践美学的崛起

张玉能　　著

百花洲文艺出版社
BAIHUAZHOU LITERATURE AND ART PRESS

图书在版编目（CIP）数据

新实践美学的崛起 / 张玉能著. — 南昌：百花洲文艺出版社，2021.8
（中国当代美学前沿丛书 / 潘知常主编）
ISBN 978-7-5500-4301-5

Ⅰ.①新… Ⅱ.①张… Ⅲ.①美学—研究 Ⅳ.①B83

中国版本图书馆CIP数据核字（2021）第130238号

新实践美学的崛起

张玉能 著

出 版 人	章华荣
策划编辑	章华荣
责任编辑	游灵通
书籍设计	方 方
制 作	何 丹
出版发行	百花洲文艺出版社
社 址	南昌市红谷滩区世贸路898号博能中心一期A座20楼
邮 编	330038
经 销	全国新华书店
印 刷	江西千叶彩印有限公司
开 本	720mm×1000mm 1／16 印张 11.5
版 次	2021年8月第1版
印 次	2021年8月第1次印刷
字 数	120千字
书 号	ISBN 978-7-5500-4301-5
定 价	36.80元

赣版权登字 05-2021-225
版权所有，盗版必究

邮购联系 0791-86895108
网 址 http：//www.bhzwy.com
图书若有印装错误，影响阅读，可向承印厂联系调换。

总　序

1994年，巴菲特在一次股东大会上说："Only when the tide goes out do you discover who's been swimming naked."这句话，国内一般翻译为："只有当潮水退去的时候，才知道是谁在裸泳。"

"知道是谁在裸泳"，当然也是编撰"中国当代美学前沿丛书"的目的。也因此，在筹备之初，我就写下了这样一段话："丛书不分亲疏，不论学派，不看头衔，不比项目和获奖，一切以当代美学史上的'首创'与'独创'成果为入选标准，力争讲好中国当代美学的故事，力争描绘出经得起历史检验的当代中国的美学地图。"而在丛书的第一辑，经过多方征求意见，最终选择的则是缘起于20世纪50年代、新时期的最初十年曾经一统当代中国美学天下的实践美学，以及新时期以来涌现出来的最具创新意蕴的四家美学新学说，以出现的时间为序，它们分别是：情本境界论生命美学、主体间性超越论美学、新实践美学和实践存在论美学。为此，我要衷心感谢张玉能、朱立元、杨春时、徐碧辉等几位美学名家在百忙中的鼎力相助。

遴选的标准是"首创"与"独创"，也就是"原创"。这也许会令一些人不习惯。因为相当一段时间以来，人们已经习惯了以学会头衔、学校职务、荣誉称号、重大项目、核心期刊乃至获奖等来判断学术贡献，"著书立说"都逐渐不再是学术地位的评价标准。甚至，为了保护自己的既得利益，偶尔我们还会看到个别人明里暗里地对"著书立说"冷嘲热讽。然而，这实在是极不正常的，而且也已经阻碍了美学的健康发展。当前的"破四唯"，应该说就是对此的及时反拨。美学的尊严从来都是靠独立思考、靠原创赢得的。于他人不思处思，于他人不疑处疑，反思、拷问、批判、创造，虔诚地"听"，也勇敢地"说"，一直都是美学之为美学的立身之本。因此，美学也就必然是高难度、高风险的，必然是"子革父命""太阳每天都是新的"，更必然亟待思想的登场、智慧的登场。创造性地提出问题，创造性地解决问题，以自己的独立思考去提出问题，以自己的独立思考去解决问题，"让思想冲破牢笼"，让原创的星星之火、"首创""独创"的星星之火终成燎原之势，都无疑正是美学研究中的必然与必须。在这个意义上，明里暗里地对"著书立说"冷嘲热讽，则应该说恰恰暴露了原创方面、"首创""独创"方面的先天恐惧。然而，没有人能够两次踏入同一条美学的河流。不敢去正视这一点，就会把美学研究异变为教科书式的、流水线式的研究。如此一来，美学的眼睛不再是长在前额的，而是长在脑后了。抄标准答案，不敢越雷池半步，心甘情愿地成为美学卫星、美学流星，成为不会说话的美学哑巴，或者成为随风摇摆的墙上芦苇，什么课题都敢接，什么课题也都能做……以至于"古人、洋人研究美学，而我们只研究古人、洋人的美学"竟俨然成为一时之风范。尤其是利用外文资料进入国内学术界的时间差去抢先引经据典，拾几句洋人的牙慧，快速制作出"一杯水加一滴牛奶"式的稀释的学术论著，这种做法更是屡见不鲜。因此，"著名"而不"留名"，也就成为一种常见的莫名尴尬。可是，作为美学大国，为什么就不能建立自己的美学自信？为什么不能去鼓励中国的美学家发出自己的声音？为什么离开古人和洋人就不会说话甚至不敢说话？诸如此类，亟待引起我们的深层思考。

除了"著书立说"，还可能引起争议的，是"开宗立派"。然而，这实在是把美学常识变成了美学雷区。不知从何时开始，在中国的特定语境中，"派系""派别""某某派"都有意无意地被涂抹了一层厚厚的负面色彩，因此，"开宗立派"也就成为某种禁忌，"不立学派"，甚至成为某些学者的一种自我表扬的方式。然而，这实在是对于美学作为一种人文学科的特殊存在方式的隔膜。其实，"著书立说"的极致，就是"开宗立派"。"著书立说"与"首创""独创"亦即"原创"一脉相承，"开宗立派"更是与"首创""独创"亦即"原创"一脉相承。这是因为，美学派别的存在以及美学派别之间的否定，都是美学得以存在的基础，更是美学学科成熟的标志。美学一定是有派别的，一定是各有所是、"自以为是"的。美学只能在派别中存在，美学派别以外的一言九鼎的美学根本就不可能存在——除非它是平庸的美学、虚假的美学、为了职称项目奖励头衔的美学等。而且，号称万能公式、灵丹妙药、包治百病的美学一定是虚假的。也因此，但凡崇尚"首创""独创"亦即"原创"的美学家都必然会发动一场前所未有的哥白尼式的革命，也必然会是对于另一旧派别的美学主张的颠覆，这是毫不奇怪的。"他们全都坚信，他们有能力结束哲学的混乱，开辟某种全新的东西，它终将提高哲学思想的价值。"①也因此，"首创""独创"亦即"原创"的美学学说以美学舞台为黑格尔所谓的"厮杀的战场"，毅然认定只有自己才找到了"庙里的神"，毅然认定只有自己的美学才是唯一的美学，因此而不惜互相批判、互相讨伐，这都是十分正常的。而且，美学的自我批判也正是借助于此才得以完成的。叔本华说，哲学就像一个"多头怪物"，十分精彩。也因此，尊重美学派别的存在，鼓励美学派别的存在，应该被视为一种起码的也是必不可少的学术伦理。

何况，没有学派，必有宗派、帮派。大凡竭力反对美学派别者，往往都是在暗自庇护着自己由此而得利的公开的或隐秘的学术江湖。更不要说，在美学界，门派林立早已是无可辩驳的事实。可是，既然门派林立是被公开鼓励的，那么作为美学发展之必然的学派为什么就不被允许？须知，学派从来都是门派的必然补充，也是门派不至于走向宗派、帮派的必然保证。门派、学派共存，才是美学界期待看到的良好局面。更不要说，派别林立还是中国当代美学发展的基本经验与宝贵财富。在20世纪50年代，中国当代美学正是从美学四派的确立发端的。它意味着：美学派别在美学学科的发展中起着关键作用其实早已成为共识。无论是否使用"美学学派"称谓，美学学派的产生显然都应该是美学学科走出万马齐暗、走向百花齐放的关键性指标。这样看来，美学学科的成熟，一定首先

---

① M.石里克：《哲学的未来》，叶闯译，《哲学译丛》1990年第6期。

是美学派别的成熟，舍此别无他途！因此，就美学派别而言，有，比没有好；多，也比少好。这是一个根本问题，绝对来不得半点含糊！而且，提倡"著书"，就更要提倡"立说"；保护门派，也更要保护学派、流派。当然，在诸家诸说之间，都应该以尊重他者的存在作为前提。它们彼此之间是合作的关系，不应该老死不相往来。只有宗派、帮派彼此之间才会是你死我活的关系。学派之间也不是输赢、对错的关系，而是互补双赢的关系。戴着偏光镜，具有特定理论偏向，是美学派别的特征。美学派别就是一个被偏振过滤的世界，只看到了自己想看到的以及能看到的。关键是要有理有据、合理合法。自以为是地将美学学派的思考斥为"虚妄""没有价值"，从而对别人的工作横加指责，以至于"光武故人"摇身一变而为"瑜亮情结"，都是极为不妥的。其实，正是学派之间的反向积累、互相补足，才促成了美学学科的相对均衡的良性发展，使得美学学科具有和而不同的良性发展与弹性空间，不至于单调枯萎，不至于一家独大，因此，要宽容地对待各学派成员内部的经常性的学术互动，宽容地对待各学派为自己学派的摇旗呐喊。只要是实事求是的而非自吹自擂的，一切就都是符合学术规范的。不必去过分解读，更不必做诛心之论。因为，"中国气派的当代美学"，只能从学派林立的中国当代美学中涌现出来。摆脱"唯西方独尊"和"西方美学本土化"的尴尬，乃至进入"中国美学世界化"的康庄大道，也只能在学派林立的中国当代美学中实现。

当然，美学学派从来都不是自封的。沙砾还是金子，不能靠"扯旗抱团"的办法来检验，而应该历经冲刷筛选。在这个方面，时间才是过滤器。以二十世纪五六十年代美学大讨论为例，一般认为，这场讨论以朱光潜的自我批判文章《我的文艺思想的反动性》在1956年6月的《文艺报》发表作为标志，持续时间长达九年。但是，美学四派的概括，却是等到实践美学的主要代表之一蒋孔阳先生在1979年写的《建国以来我国关于美学问题的讨论》一文的出现才逐渐得到了包括当事人在内的广泛认同，并且流传至今。其间，已经走过了二十三年的历程。即便是刨除"文革"时期，也已经走过十三年的历程。再看实践美学，则甚至连自己的名字都是被后人追认的（一般认为是李丕显在1981年提出的，参见他的《为建立实践观点美学体系而努力——初读李泽厚的〈美学论集〉》，载于《美学》第3卷，上海文艺出版社1981年出版），这已经是二十五年以后。即便刨除"文革"的十年，也是在十五年以后。至于提出者本人，李泽厚是在2004年才接受"实践美学"这个称谓的。再看本丛书所收入的情本境界论生命美学、主体间性超越论美学、新实践美学和实践存在论美学这新时期美学新四说，它们究竟是不是新时期美学新四派，这里我暂不去论及，但是它们都堪称认真的学术探索，却是无可置疑。起码，它们问世全都已经超过了十三年，时间长的则已经三十六年，时间短些的也已经将近二十年。并且，它们都早已成为美学界的专有名词，有了独立的生命。可以认定，它们也都已经获得了学界后人的拥护。思想的深刻、思想的魅力乃至思想的穿透力，在它们之中都是显而易见的。而且，也因此，在这个方面，事后去过度猜测"开风气之先"的美学学者的"扯旗抱团"动机，显然也是不公正的。其他美学学者暂且不论，就以我本人为例，我是在1985年提出美学研究应当以"生命"为现代视界的，距今已经三十六年，而真正写出《生命美学》则是在1991年。而且，只要了解当时的情况的美学界同人就都知道，在三十六年前，在二十世纪八九十年代，提出生命美学而且不惜与主流美学"对着干"，是找不到人跟自己"扯旗抱团"的，还反倒是自谋绝路、自我隔离，意味着与项目、获奖、学术头衔、学会职务等背道而驰。更不要说，2000年以后，我本人甚至完全离开了美学界十八年之久，因此也就更谈不上"扯旗抱团"了。坦率而言，"吾爱吾师，吾更爱真理"，应该是我本人一直以来的心声。我相信，这也应该是从二十世纪五六十年代迄今所有勇于提出美学新说的美学学者的心声！

还需要说明的是，当下的美学界百花齐放、姹紫嫣红，应该是有史以来最好的时刻。崛起中的美学新学说甚至美学新学派也不只是我们在丛书第一辑中所收录的除实践美学之外的这四家四说，还有生态美学、环境美学、生活美学、身体美学以及中外美学、文艺美学、西方马克思主义美学等方面的名家名说。但是，不论是就"首创"来看，还是就"独创"而论，这诸家诸说却很难出于这四家四说之右。最早完成了从一般本体论到基础本体论的转向的，毕竟是这四家四说（尽管它们内部还有时间早晚的不同），这应该是不存在争议的美学事实。中国当代的第三次美学大讨论，也主要是在这四家四说中展开的，这应该同样是不存在争议的美学事实。生态美学、环境美学、生活美学、身体美学以及中外美学、文艺美学、西方马克思主义美学等方面的名家名说，则大多都是在这个本体论转向的影响下出现的，因此在时间上也都晚于这四家四说，而且，其"首创"和"独创"的价值也主要是在门类美学的意义上。因此，立足于尊重"首创"和"独创"这一学术史考察的学术伦理底线，也意在鲜明区别于某种以亲疏、门派、头衔、官职等为标准去"乱点鸳鸯谱"的不良做法，我们在第一辑率先收录了除实践美学之外的这四家四说。至于生态美学、环境美学、生活美学、身体美学以及中外美学、文艺美学、西方马克思主义美学等方面的名家名说，如果有可能，当然理应在后面几辑中隆重推出。

最后，再次感谢张玉能、朱立元、杨春时、徐碧辉等几位美学名家的辛勤工作，感谢百花洲文艺出版社执行董事章华荣先生的大力支持，也感谢各位责任编辑的积极努力。

1998年，是北京大学的百年诞辰。张世英先生曾经感叹：可惜现在北大最缺乏的是学派的建立，如果北大不仅名家辈出，而且学派林立，那才具有"大校风采"和"大家气象"。

我要说，对于美学界，这也是我们的期望：如果我们的美学界不仅名家辈出，而且学派林立，那才具有"大国风采"和"大家气象"！

是为序。

潘知常

2021年6月1日，南京卧龙湖，明庐

目录

第一章　新实践美学的哲学基础

一、必须澄清美学研究的哲学基础

看了蔡仪先生《谈美学的哲学基础问题》记录稿（见《文艺研究》1989年第4期，以后简称《基础问题》）之后，深感澄清美学研究的哲学基础问题实在是很有必要。本来，蔡先生所谈是一个早已聚讼纷纭的学术问题，蔡先生在《基础问题》之中也没有什么更新鲜的观点，但是，在特别需要强调坚持马克思列宁主义、毛泽东思想进行美学研究的今天，蔡先生旧话重提，就显得格外引人注目。因此，有必要对蔡先生所阐述的"马克思主义哲学的基本原理或基本原则"进行一些辨正。

（一）马克思主义哲学就是认识论吗？

《基础问题》主张美学之研究必须坚持马克思主义的基本原理或基本

原则，这是非常正确的。问题的关键在于，蔡先生所谓的"马克思主义哲学的基本原理或基本原则"却是大可商榷的。

蔡先生说得十分明确："总的来说，所谓马克思主义哲学就是辩证唯物主义的世界观，也就是'辩证唯物主义认识论'，其中包括辩证唯物主义的历史观。唯物主义世界观表现在认识论上就是反映论和客观真理论。而唯物主义历史观的具体表现是经济基础和上层建筑与意识形态的理论。这些就是马克思主义哲学的基本原则。"

马克思主义哲学就是辩证唯物主义认识论吗？这种推断实在令人吃惊。从蔡先生的推断来看，逻辑混乱是十分明显的。"所谓马克思主义哲学就是辩证唯物主义的世界观，也就是'辩证唯物主义认识论'"，这一推断断然难以成立。世界观不能局限于认识论，哲学也不能局限于认识论，这已经成了哲学ABC，非要把世界观和哲学画地为牢地禁闭在认识论之中，恐怕只能说是一种曲解。也许有人会说，蔡先生是说"马克思主义哲学"就是"辩证唯物主义认识论"，并非说一般的哲学。是的，然而这恰恰是要害所在。我们要问：辩证唯物主义就是辩证唯物主义认识论吗？其实对这个问题，马克思主义创始人早就有说明。恩格斯说："辩证法不过是关于自然、人类社会和思维的运动和发展的普遍规律的科学。"[1]即使按照蔡先生的理解，即把马克思主义哲学就当作辩证唯物主义，也不能单纯地把辩证唯物主义归结为辩证唯物主义认识论，因为按照恩格斯上述经典的说法，辩证法（在马克思主义创始人那里，当然就是唯物主义的辩

---

[1] 恩格斯：《反杜林论》，载《马克思恩格斯选集》第三卷，人民出版社1972年版，第181页。

证法）绝不仅仅是关于思维的运动和发展的普遍规律的科学，而首先应该是关于自然、人类社会运动和发展的普遍规律的科学。前者又被称为主观辩证法，在马克思主义哲学中可以称为辩证唯物主义认识论；后者又被称为客观辩证法，它包括自然辩证法和社会辩证法，在马克思主义哲学中可以称为辩证唯物主义自然观和社会学（也就是马克思主义哲学本体论）。因此，像蔡先生这样把马克思主义哲学等同于辩证唯物主义认识论，是有悖于马克思主义哲学的原意的。

　　蔡先生在把马克思主义哲学片面地归结为辩证唯物主义认识论后，竟把历史唯物主义划入辩证唯物主义认识论了。蔡先生没有直接提辩证唯物主义认识论包括历史唯物主义，而是说辩证唯物主义认识论其中包含辩证唯物主义的历史观。然而，从他所说的辩证唯物主义的历史观的内容（"而唯物主义历史观的具体表现是经济基础和上层建筑与意识形态的理论"）来看，恰恰是要使历史唯物主义消融在辩证唯物主义认识论之中，以完成他的辩证唯物主义认识论一体化的哲学体系，更进一步地把美学研究拘囿在认识论的范围之中。我们现在姑且不论哲学界关于马克思主义哲学是辩证唯物主义还是辩证唯物主义和历史唯物主义的争议，换句话说，我们即使承认马克思主义哲学可以径直称为辩证唯物主义，也无法同意历史唯物主义包括在辩证唯物主义认识论之中，因为如上所述，辩证唯物主义不能等同于辩证唯物主义认识论。实际上，马克思主义创始人和革命导师从来没有把历史唯物主义包括在辩证唯物主义认识论之内。下面让我们来引述几段论述。

　　恩格斯说："了解了以往的德国唯心主义的完全荒谬，这就必然导致唯物主义，但是要注意，并不是导致十八世纪的纯形而上学的、完全机械的唯物主义。和那种以天真的革命精神笼统地抛弃以往的全部历史的做法相反，现代唯物主义把历史看做人类的发展过程，而它的任务就在于发现这个过程的运动规律。"①"我们不仅生活在自然界中，而且生活在人类社会中，人类社会同自然界一样也有自己的发展史和自己的科学。因此，任务在于使关于社会的科学，即所谓历史科学和哲学科学的总和，同唯物主义的基础协调起来，并在这个基础上加以改造。"②从这两段论述中，我们可以看到，历史唯物主义的任务就在于发现社会发展的一般规律，历史唯物主义是马克思主义哲学的重要组成部分，但是，历史唯物主义并不从属于辩证唯物主义认识论，认识论是关于人类思维的运动和发展的一般规律的科学，它怎么能包括关于人类社会的运动和发展的一般规律的科学历史唯物主义呢？列宁说得更加明确："马克思和恩格斯的学说是从费尔巴哈那里产生出来的，是在与庸才们的斗争中发展起来的，自然他们所特别注意的是使唯物主义哲学向上发展，也就是说，他们所特别注意的不是唯物主义认识论，而是唯物主义历史观。因此，马克思和恩格斯在他们的著作中特别强调的是**辩证**唯物主义，而不是辩证**唯物主义**，特别坚持的是**历史**唯物主义，而不是历史**唯物主义**。"③"一般唯物主义认为客观真实

---

① 恩格斯：《反杜林论》，载《马克思恩格斯选集》第三卷，人民出版社1972年版，第64页。

② 恩格斯：《路德维希·费尔巴哈和德国古典哲学的终结》，载《马克思恩格斯选集》第四卷，人民出版社1972年版，第226页。

③ 列宁：《唯物主义和经验批判主义》，载《列宁选集》第二卷，人民出版社1972年版，第336页。

的存在（物质）不依赖于人类的意识、感觉、经验等等。历史唯物主义认为社会存在不依赖于人类的社会意识。在这两种场合下，意识都不过是存在的反映，至多也只是存在的近似正确的（恰当的、十分确切的）反映。在这个由一整块钢铁铸成的马克思主义哲学中，决不可去掉任何一个基本前提、任何一个重要部分，不然就会离开客观真理，就会落入资产阶级反动谬论的怀抱。"①列宁在这里说得明明白白：唯物主义的认识论与唯物主义的历史观不是一码事，马克思和恩格斯超越费尔巴哈及其他一切旧唯物主义的地方恰恰在于唯物主义历史观，而不在于唯物主义的认识论，唯物主义的自然观和历史观是马克思主义哲学不可缺少的组成部分，承认自然的存在和社会的存在的第一性（这是本体论的命题）是马克思主义哲学的二位一体的前提和基础。

蔡先生把马克思主义哲学归结为辩证唯物主义认识论之后，为了证明他的观点，借用列宁的《唯物主义和经验批判主义》一书的前三章标题来做文章。他说："列宁在《唯物主义和经验批判主义》一书的前三章，详细论述马克思主义哲学，并对照驳斥经验批判主义，其标题就全部都用'辩证唯物主义认识论'。列宁的这种标题的提法，是关于马克思主义哲学的高度概括的最好的说明。现在一般不用'辩证唯物主义认识论'这个说法，而是提马克思主义的辩证唯物主义。"我们认为，这种用文章的标题作为论据的做法是不太可靠的，因为这些标题不能证明马克思主义哲学就是辩证唯物主义认识论。这三章的主要内容是把经验批判主义和辩证

---

① 列宁：《唯物主义和经验批判主义》，载《列宁选集》第二卷，人民出版社1972年版，第332—333页。

唯物主义进行了认识论方面的比较研究，在标题和正文中没有一处说到马克思主义哲学就是辩证唯物主义认识论。倒是在《唯物主义和经验批判主义》的第一版序言中说过："所有这些人不会不知道，马克思和恩格斯几十次地把自己的哲学观点叫作辩证唯物主义。"①而在该书的第二版序言中又明白地写着"马克思主义哲学（即辩证唯物主义）"②。也就是说，列宁仅仅承认马克思主义哲学是辩证唯物主义，却从未认为马克思主义哲学就是辩证唯物主义的认识论。马克思主义哲学虽然有时被列宁称为辩证唯物主义，却从来未被列宁等同于辩证唯物主义的认识论。蔡先生从自己的臆想之中的列宁出发，推断出"现在一般不用'辩证唯物主义认识论'这个说法，而是提马克思主义的辩证唯物主义"，这是又一次不严肃的任意伸展，连一点文字上的根据都没有。

总之，我们认为，马克思主义哲学绝不能等同于辩证唯物主义认识论。马克思主义哲学就是辩证唯物主义认识论，这是蔡先生任意杜撰出来的非马克思主义命题，这个命题是用来支撑蔡先生的美学体系的。

（二）马克思主义哲学根本没有本体论吗？

为了把马克思主义哲学仅仅归结为认识论，蔡先生大胆地宣称"马克思主义哲学根本就没有所谓本体论"，还说"马克思主义的创始人不止一

---

① 列宁：《唯物主义和经验批判主义》，载《列宁选集》第二卷，人民出版社1972年版，第12页。

② 列宁：《唯物主义和经验批判主义》，载《列宁选集》第二卷，人民出版社1972年版，第15页。

次说明，他们的哲学就是认识论"。然而，《基础问题》竟然没有举出一条"不止一次说明"的直接例证。

当然，蔡先生从《反杜林论》和《路德维希·费尔巴哈和德国古典哲学的终结》中找出了两段话，以证明马克思主义创始人把自己的哲学叫作认识论，以及马克思主义哲学根本就没有本体论。可惜的是，这两段文字中根本就没有提到"认识论"，也没有说"马克思主义哲学（'现代唯物主义'）就是认识论"之类的话，更没有透露出"马克思主义哲学否认本体论"的意思。

我们先看《反杜林论》中的一段。蔡先生为了简明便捷，仅仅引了他想曲解的那些文字。我们不妨全面引述出来："了解了以往的德国唯心主义的完全荒谬，这就必然导致唯物主义，但是要注意，并不是导致十八世纪的纯形而上学的、完全机械的唯物主义。和那种以天真的革命精神笼统地抛弃以往的全部历史的做法相反，现代唯物主义把历史看做人类的发展过程，而它的任务就在于发现这个过程的运动规律。无论在十八世纪的法国人那里，还是在黑格尔那里，占统治地位的自然观都是：自然界是一个在狭小的循环中运动的、永远不变的整体，其中有牛顿所说的永恒的天体和林耐所说的不变的有机物种。和这个自然观相反，现代唯物主义概括了自然科学的最新成就，从这些成就看来，自然界也有自己的时间上的历史，天体和在适宜条件下存在于天体上的有机物种一样是有生有灭的；至于循环，即使它能够存在，也具有无限加大的规模。在这两种情况下，现代唯物主义都是本质上辩证的，而且不再需要任何凌驾于其他科学之上的哲学了。一旦对每一门科学都提出了要求，要它弄清它在事物以及关于事物的知识的总联系中的地位，关于总联系的任何特殊科学就是多余的了。于是，在以往的全部哲学中还仍旧独立存在的，就只有关于思维及其规律的学说——形式逻辑和辩证法。其他一切都归到关于自然和历史的实证科学中去了。"①

第一，这一段论述讲的是马克思主义哲学（现代唯物主义）对以往旧哲学，特别是德国唯心主义和十八世纪法国唯物主义的批判继承（否定之否定）。第二，这一段论述的前半部分阐明了现代唯物主义的历史观和自然观之辩证性质。第三，这一段论述的后半部分阐明了旧哲学中凌驾于其他科学之上的哲学，即自然哲学和历史哲学，在现代唯物主义中已是多余的了，也就是说它们已被关于自然和历史的辩证法（马克思主义的自然观和历史观，即辩证唯物主义的物质观和唯物主义历史观）所扬弃了，而在以往的旧哲学中只有关于思维及其规律的学说——形式逻辑和辩证法，还仍然独立存在。

我们认为，只有这样分三层次理解这段论述，才是符合恩格斯原意的。从这三层意思中可以看出，恩格斯根本没有否定马克思主义哲学的本体论。

再看《路德维希·费尔巴哈和德国古典哲学的终结》中那段文字："上面的叙述只能是对马克思的历史观的一个概述，至多也只能是一些说明。证据只能由历史本身中提供；而在这里我敢肯定地说，在其他著作中这种证据已经提供得很充分了。但是这种历史观结束了历史领域内的哲

---

① 恩格斯：《反杜林论》，载《马克思恩格斯选集》第三卷，人民出版社1972年版，第64—65页。

学，正如辩证的自然观使一切自然哲学都成为不必要的和不可能的一样。现在无论在哪一方面，都不再是要从头脑中想出联系，而是要从事实中发现这种联系了。这样，对于已经从自然界和历史中被驱逐出去的哲学来说，要是还留下什么的话，那就只留下一个纯粹思想的领域：关于思维过程本身的规律的学说，即逻辑和辩证法。"①仔细阅读这段话后就只能说，其阐述了马克思主义哲学的巨大历史意义，正是它的产生造就了科学的历史观和自然观，使得以往旧哲学的历史哲学和自然哲学成为不必要和不可能的，因此，旧的哲学（"已经从自然界和历史中被驱逐出去的哲学"）就只留下了逻辑和辩证法（实即形式逻辑和辩证逻辑），关于思维及其规律的学说，还有独立存在的价值，可以为现代唯物主义所吸收。

通过以上的分析和阐释，我们觉得蔡先生由于过于急躁地要证实他自己的非马克思主义的命题（马克思主义哲学就是认识论），而曲解了恩格斯的两段文字的原意。这种曲解并不是一个文字理解水平问题，而是一个以偏见来抹杀事实的问题。对于这样的原则问题，我们认为是必须予以澄清的。

因此，蔡先生所谓"马克思主义哲学根本就没有所谓本体论"的说法，理所当然地是对马克思主义哲学的误解。

实际上，马克思主义哲学有它自己的本体论，这就是辩证准物主义的自然观和历史观。

所谓本体论，就是关于存在、实体、本原、本体的理论学说，是任何

① 恩格斯：《路德维希·费尔巴哈和德国古典哲学的终结》，载《马克思恩格斯选集》第四卷，人民出版社1972年版，第253页。

哲学体系都不可或缺的部分。可以说，古今中外的一切哲学都有自己的本体论，否则就称不上完整的哲学体系。

恩格斯在《路德维希·费尔巴哈和德国古典哲学的终结》中，谈到"全部哲学，特别是近代哲学的重大的基本问题，是思维和存在的关系问题"，指出哲学基本问题的含义有两个方面。一个方面是，"哲学家依照他们如何回答这个问题而分成了两大阵营。凡是断定精神对自然界说来是本原的，从而归根到底以某种方式承认创世说的人（在哲学家那里，例如在黑格尔那里，创世说往往采取了比在基督教那里还要混乱而荒唐的形式），组成唯心主义阵营。凡是认为自然界是本原的，则属于唯物主义的各种学派"，另一方面则是，"我们关于我们周围世界的思想对这个世界本身的关系是怎样的？我们的思维能不能认识现实世界？我们能不能在我们关于现实世界的表象和概念中正确地反映现实？用哲学的语言来说，这个问题叫做思维和存在的同一性问题，绝大多数哲学家对这个问题都作了肯定的回答"。①恩格斯这里所谈的关于思维对存在、精神对自然界的关系问题的第一个方面是指本体论方面，第二个方面则是指认识论方面。因此，哲学基本派别划分为唯心主义和唯物主义两大阵营，其根本依据就是哲学家们在本体论方面的观点。

也正因为此，马克思主义哲学作为唯物主义派别，而且是现代最完备、最彻底的唯物主义派别，认为自然界、物质存在是本原的，而精神、思维意识则是派生的，前者是第一性的，后者是第二性的。这便是马克思

①　恩格斯：《路德维希·费尔巴哈和德国古典哲学的终结》，载《马克思恩格斯选集》第四卷，人民出版社1972年版，第219—221页。

主义哲学的本体论的基本原则。马克思主义认识论就是建立在这种本体论基本原则之上的，马克思主义哲学的本体论是决定它的认识论的基本前提。

马克思和恩格斯在创立自己的哲学体系时，是最关心本体论问题的：他们从青年黑格尔派唯心主义，走向费尔巴哈的唯物主义，最后成为最完备的、最彻底的现代唯物主义的创始人；他们不仅在自然观上坚持唯物主义，而且在历史观上坚持唯物主义；他们不仅认为在自然界物质存在对精神是本原的、第一性的，而且强调在社会中社会存在对社会意识是本原的、第一性的。也就是说，他们在自己哲学思想形成、发展和完善的过程中，由自然本体论的唯物主义走向了社会本体论的唯物主义，从而创立了历史唯物主义。

对此，恩格斯说："马克思和我，可以说是从德国唯心主义哲学中拯救了自觉的辩证法并且把它转为唯物主义的自然观和历史观的唯一的人。"[1]列宁则说："马克思在1844—1847年离开黑格尔走向费尔巴哈，又进一步从费尔巴哈走向历史（和辩证）唯物主义。"[2]正是在这样的发展过程中，马克思和恩格斯系统而简要地说明了历史唯物主义的基本原理。

马克思说："人们在自己生活的社会生产中发生一定的、必然的、不以他们的意志为转移的关系，即同他们的物质生产力的一定发展阶段相

---

[1]　恩格斯：《反杜林论》，载《马克思恩格斯选集》第三卷，人民出版社1972年版，第51页。

[2]　列宁：《拉萨尔〈爱非斯的晦涩哲人赫拉克利特的哲学〉一书摘要》，载《列宁全集》第三十八卷，人民出版社1959年版，第386—387页。

适合的生产关系。这些生产关系的总和构成社会的经济结构，即有法律的和政治的上层建筑竖立其上并有一定的社会意识形式与之相适应的现实基础。物质生活的生产方式制约着整个社会生活、政治生活和精神生活的过程。不是人们的意识决定人们的存在，相反，是人们的社会存在决定人们的意识。"①恩格斯说："'不是人们的意识决定人们的存在，相反，是人们的社会存在决定人们的意识。'这个原理非常简单，它对于没有被唯心主义的欺骗束缚住的人来说是不言自明的。但是，这个事实不仅对于理论，而且对于实践都是最革命的结论。"②由此可见，社会存在决定社会意识，是唯物主义历史观的本质和基石，是历史唯物主义的基本原理。而这一基本原理恰恰是本体论（社会本体论）的命题，因为它所阐明的是存在（社会存在）的问题，是世界（社会）的本原的问题。

由上所述，我们可以肯定地说，马克思主义哲学有其自己的本体论，这就是他们所创立的辩证唯物主义的自然观和历史观。不过，马克思主义的创始人几乎不把自己的本体论称为本体论，而是把自己的自然观称为唯物主义的自然辩证法或辩证唯物主义的物质观，把自己的历史观称为历史唯物主义或唯物史观，有时又把二者统称为客观辩证法或径直称为辩证法。这些称谓在《反杜林论》《路德维希·费尔巴哈和德国古典哲学的终结》《自然辩证法》等系统化了的马克思主义哲学著作中是可以找到的。

---

① 马克思：《〈政治经济学批判〉序言》，载《马克思恩格斯选集》第二卷，人民出版社1972年版，第82页。

② 恩格斯：《卡尔·马克思〈政治经济学批判〉》，载《马克思恩格斯选集》第二卷，人民出版社1972年版，第117页。

　　为什么马克思主义创始人不使用"本体论"称谓自己哲学中关于存在、实体、本原、本体的学说？在我看来，原因无非是以下两点。第一，马克思和恩格斯在创立和完善马克思主义哲学的过程中，主要是批判了德国古典哲学，而德国古典哲学家们已经很少使用"本体论"这个术语。从德国古典哲学的三位主要代表人物来看，康德已经把本体置放在彼岸世界而把主要精力放在对人的认识能力的限度的考察上，从而把本体论与认识论割裂开来而很少探究本体论问题，仅仅把本体作为一个假定的前提；黑格尔则要求把本体论、逻辑和认识论统一起来，从而把三者都归入他那庞大的绝对精神的自我运动的唯心主义辩证法体系之中了，因而，黑格尔也很少用"本体论"这个术语；费尔巴哈是从批判黑格尔的角度建立自己的哲学体系的，他的本体论学说就是人本主义的唯物主义，所以，他也很少运用"本体论"这个术语。因此，当马克思和恩格斯从黑格尔走向费尔巴哈最后走向辩证的（历史的）唯物主义的时候，就很自然地也不用"本体论"，而只用"唯物辩证法"或"辩证法"了。第二，马克思和恩格斯在使自己的哲学体系完善化和系统化的过程中，已经采用了"自然辩证法""唯物史观""唯物主义物质观""历史唯物主义"等名称来称谓自己的自然本体论和社会本体论了，因此，也就没有必要再使用"本体论"这个名称了。

（三）不能用"实践的唯物主义"称谓马克思主义的哲学吗？

　　蔡先生坚持宣扬他的马克思主义哲学就是认识论的非马克思主义命题，因此他不仅否定马克思主义哲学有本体论，而且还要否定"实践的唯物主义"这个马克思和恩格斯自己运用过的术语，进而想借否定马克思主义哲学的实践性特点而一笔抹杀马克思主义美学的实践基础。

把自己的哲学体系称为"实践的唯物主义"，这在马克思并不止一次。在马克思与恩格斯合著的《德意志意识形态》中，马克思主义创始人把自己称为"实践的唯物主义者，即共产主义者"①，而且着重强调"实践的"和"共产主义者"。因此，人们认为马克思和恩格斯把自己的哲学称为"实践的唯物主义"，应该是言之成理、持之有故的，是非常妥当的。而且，马克思和恩格斯在这里把自己称为"实践的唯物主义者，即共产主义者"，把自己的哲学称为"实践的唯物主义"即"共产主义"，恰恰表明了自己的人格特点和自己学说的特点，即他们是从事革命实践的无产阶级斗士，他们的哲学学说具有鲜明的实践性和阶级性。除开《德意志意识形态》中这种根据以外，我们在《关于费尔巴哈的提纲》中也可以找到根据。该提纲的第九条写着："直观的唯物主义，即不是把感性理解为实践活动的唯物主义，至多也只能做到对'市民社会'的单个人的直观。"②这里，马克思把费尔巴哈的唯物主义称为"直观的唯物主义"，因为这种唯物主义不把感性理解为实践活动，那么反过来，马克思主义创始人自己的哲学是把感性理解为实践活动的唯物主义，也顺理成章地可以称为"实践的唯物主义"。

---

① 马克思、恩格斯：《德意志意识形态》，载《马克思恩格斯选集》第一卷，人民出版社1972年版，第48页。

② 马克思：《关于费尔巴哈的提纲》，载《马克思恩格斯选集》第一卷，人民出版社1972年版，第18页。

　　非常清楚，马克思和恩格斯正是为了使自己的哲学严格区别于费尔巴哈的"直观的唯物主义"，才把自己的哲学称为"实践的唯物主义"的。也就是说，费尔巴哈的唯物主义是"直观的"，而马克思主义的唯物主义则是"实践的"。这种差别是原则性的，既表现在认识论上，也表现在本体论上。

　　从认识论来看，"实践的唯物主义"把实践（以物质生产为中心的社会实践）作为认识的基础，把认识的对象首先当作实践改造的对象，把认识的过程与实践的过程统一起来，把实践当作检验真理的标准，从而揭示了人类认识在实践中的辩证发展过程，并确定了认识的目的就在于改造世界，因而是能动的、革命的反映论。可是，"直观的唯物主义"把感性直观当作认识的基础，把认识的对象看作单纯直观的对象，而把认识当作脱离社会实际的消极的观察，把直观当作真理的标准，当然也就看不到认识在实践中的辩证发展，因而是被动的、消极的、机械的反映论。蔡先生矢口否认马克思主义哲学是"实践的唯物主义"，而把它仅仅归结为认识论，且又是不突出实践的认识论，其结果必然走向直观唯物主义的认识论。

　　从本体论来看，"实践的唯物主义"和"直观的唯物主义"的差别更加带有不可调和的性质。这种差别当然首先就表现在社会本体论上，即社会历史观上。直观唯物主义的社会历史观（即社会本体论），由于不懂得人类改造世界的实践活动的伟大意义，把人当作生物学上的一个类，当作自然物的自然延续，并从这样的人出发来解释社会历史现象，因而就在历史观上陷入了唯心主义。与此相反，"实践的唯物主义"主张社会生活在本质上是实践的，认为实践使人区别于其他动物，实践体现着人类社会区别于自然界的本质特征，社会实践（特别是物质生产实践）是人类社会生存和发展的基础，社会发展的历史，就是人们改造自然、改造社会的实践活动的历史。因此，可以说，马克思主义哲学的社会历史观（社会本体论，或人类本体论）就是实践本体论，也就是历史唯物主义。正是在这个意义上，有人说马克思主义把实践引进本体论，指出"实践的唯物主义"的伟大贡献主要就在于把人类的物质生产实践当作人类全部历史产生、存在、发展的根基、本原，因而把实践提升到世界本原的行列中去，我认为是正确的。"世界本原"中的"世界"应该包括自然和社会，尽管整个世界的本原是物质，世界的统一在于它的物质性，但是，对于人类及其社会来说，离开了社会实践（特别是物质生产实践）就无法产生、存在和发展，因此，物质生产劳动，即实践，就在"实践的唯物主义"学说中提升到了社会本原的地位，也就是提升到了世界木原的行列中（所谓行列就包括自然和社会）。我主张实践是社会本原，绝非主张什么二元论，因为从终极说，我说的实践指的首先是物质生产实践，这种实践是离不开劳动对象的物质，也离不开劳动者（人）的物质的。总之，"实践的唯物主义"的社会历史观就是实践本体论，"直观的唯物主义"的社会历史观是人本学本体论，前者是历史唯物主义，后者是历史唯心主义，产生这种根本区别的原因恰恰就在于前者引进了物质生产实践，而后者脱离了物质生产实践，把人的本质理解为（生物学上的）类，理解为一种内在的、无声的、把许多个人纯粹自然地联系起来的共同性。

此外，"实践的唯物主义"与"直观的唯物主义"在自然本体论上也有着明显的区别。当然，应该肯定，"实践的唯物主义"和"直观的唯物主义"都是唯物主义，二者在自然本体论上有其共同之处，这就是二者都肯定自然对精神、存在对思维是本原的、第一性的。然而，我们同时也应该看到，二者对自然、存在的理解却是有着原则性区别的。这种区别就在于马克思所说的"从前的一切唯物主义——包括费尔巴哈的唯物主义——的主要缺点是：对事物、现实、感性，只是从客体的或者直观的形式去理解，而不是把它们当作人的感性活动，当作实践去理解，不是从主观方面去理解"[①]。简言之就是，"实践的唯物主义"把自然（事物、现实、感性）与实践（人的感性活动）联系起来对待，而"直观的唯物主义"则把自然当作与实践无关的、一成不变的抽象物。

我们这样的阐释在《德意志意识形态》中可以得到佐证。马克思和恩格斯在批判费尔巴哈的"直观的唯物主义"时指出："费尔巴哈对感性世界的'理解'一方面仅仅局限于对这一世界的单纯的直观，另一方面仅仅局限于单纯的感觉：费尔巴哈谈到的是'人自身'，而不是'现实的历史的人'。……他没有看到，他周围的感性世界决不是某种开天辟地以来就已存在的、始终如一的东西，而是工业和社会状况的产物，是历史的产物，是世世代代活动的结果，其中每一代都在前一代所达到的基础上继续发展前一代的工业和交往方式，并随着需要的改变而改变它的社会制度。甚至连最简单的'可靠的感性'的对象也只是由于社会发展、由于工业和商业往来才提供给他的。大家知道，樱桃树和几乎所有的果树一样，

---

① 马克思：《关于费尔巴哈的提纲》，载《马克思恩格斯选集》第一卷，人民出版社1972年版，第16页。

只是在数世纪以前依靠商业的结果才在我们这个地区出现。由此可见，樱桃树只是依靠一定的社会在一定时期的这种活动才为费尔巴哈的'可靠的感性'所感知。"①这里所说的，当然绝不是把自然事物本身，比如天上的红霞明月、地上的高山大海，都要看作人的感性活动或实践，即使是社会的事物、社会的现实、人的感性，也不能直接等同于人的感性活动或实践，这里所说的只是，自然事物（天上的红霞明月、地上的高山大海等）都是与实践或人的感性活动密切相关的事物、现实和感性。直观唯物主义者把天上的红霞明月、地上的高山大海等，当作某种开天辟地以来就已存在的、始终如一的东西，也就把自然事物绝对化、抽象化。这便引申出自然美是开天辟地以来就已经存在的、始终如一的东西，不随社会实践的改变而改变的、绝对而抽象的东西。因此，直观唯物主义的自然本体论最终就把自然界神秘化，而成了一种拜物主义。对于这种自然本体论，马克思和恩格斯做了如此尖锐的批驳："这种活动、这种连续不断的感性劳动和创造、这种生产，是整个现存感性世界的非常深刻的基础，只要它哪怕只停顿一年，费尔巴哈就会看到，不仅在自然界将发生巨大的变化，而且整个人类世界以及他（费尔巴哈）的直观能力，甚至他本身的存在也就没有了。当然，在这种情况下外部自然界的优先地位仍然会保存着，而这一切当然不适用于原始的、通过自然发生的途径产生的人们。但是，这种区别只有在人被看作是某种与自然界不同的东西时才有意义。此外，这种先于人类历史而存在的自然界，不是费尔巴哈在其中生活的那个自然界，也不

---

① 马克思、恩格斯：《德意志意识形态》，载《马克思恩格斯选集》第一卷，人民出版社1972年版，第48—49页。

是那个除去在澳洲新出现的一些珊瑚岛以外今天在任何地方都不再存在的、因而对于费尔巴哈说来也是不存在的自然界。"[①]那么，按照实践唯物主义的自然本体论来看，自然界这个本原在人类社会形成以后，就不再是某种"自在之物"，而是与人类社会实践密切相关的物质世界，这个世界当然存在于人的意识之外，但是它又构成了人类生活的环境，更重要的是，它已与人类社会实践（首先是物质生产实践）产生了不可抹杀的客观关系，成为人类的对象世界。

总而言之，通过上述简论，我们认为，完全可以把马克思主义哲学称为"实践的唯物主义"，而且这个称号与一切旧唯物主义（特别是费尔巴哈的唯物主义）划清了界限，标明了马克思主义哲学的根本特点——实践性和阶级性。它完全可以包括辩证唯物主义和历史唯物主义，至少可以与"辩证唯物主义"和"历史唯物主义"这两个称号并行使用，正如马克思主义经典作家们为了突出自己的哲学的不同方面分别把其称为"辩证唯物主义""历史唯物主义""历史唯物主义和辩证唯物主义""唯物辩证法""辩证唯物论""唯物史观"等一样。

（四）美学研究的哲学基础就是马克思主义哲学的整体

上面，我们与蔡先生就一些有关马克思主义哲学的原则性问题做了商榷，说明马克思主义哲学绝不仅仅是认识论，它有自己的本体论，它具有鲜明的实践性和阶级性，因而它是共产主义的世界观，完全可以称为"实

---

① 马克思、恩格斯：《德意志意识形态》，载《马克思恩格斯选集》第一卷，人民出版社1972年版，第49—50页。

践的唯物主义"。这些无非是为了阐明一个道理，即马克思主义哲学是一个完整的整体，它是认识论和本体论的统一、自然本体论（物质本体论）和社会本体论（实践本体论）的统一，或者是习惯上所说的辩证唯物主义和历史唯物主义的统一。而我们进行美学研究就应该以这样的马克思主义哲学整体为哲学基础。

不过，我们在此必须说明两点。第一，美学研究应该突出地强调马克思主义哲学的实践本体论基础。理由有以下几方面。其一，马克思主义哲学最大的贡献就在于创立了历史唯物主义，即实践本体论，揭示了人类社会之奥秘。这是恩格斯和列宁反复指出过的。因此，要坚持马克思主义哲学的基本原则，就必须突出地坚持马克思主义哲学不同于以往一切哲学的地方。其二，从哲学的基本问题，即思维与存在的关系问题的两个方面（本体论方面和认识论方面）来看，本体论问题，即世界本原、存在方式、实体性质等问题，是认识论问题的前提和根据，如果离开了本体论问题去研究认识论问题，不是本末倒置，就是误入迷途。因此，美学研究必须以实践本体论（即历史唯物主义）为注意中心。其三，美学研究中有关审美客体的研究，特别是有关美的本质、美的形态、美学范畴等问题的研究，相对于有关审美主体和美的创造的研究，应该具有优先地位和第一性特征，而要解决这些问题，就使得实践本体论具有了突出地位。其四，美学研究应以艺术为其中心对象，艺术中的所有问题，离开了历史唯物主义就无法得以科学解决。第二，美学研究的哲学基础必须在其内部有不同的角度和层次，在其外部有各种不同科学的实证，只有这样才能使美学研究在马克思主义哲学的整体指导下，达到全面科学的高度。就哲学内部而言，我们对美学的研究应该是有不同的角度和层次的综合研究，比如对美的本质的研究，应该从本体论、认识论、发生学、价值观、现象学等方面展开综合研究，以达到对美的问题研究的完整、全面、系统的马克思主义哲学的高度。就哲学外部而言，我们对美学的研究必须注意吸收心理学、人类学、社会学、文艺学、自然科学对于哲学的实证材料，以求对美学问题的深入、细致、全面、合理的解决。之所以如此，既是因为美学本来就是一门边缘科学，又是因为思辨的理论没有经验的实证和实践的充实就会失去生命力。

二、坚持实践观点，发展中国美学

读了杨春时同志的文章《超越实践美学　建立超越美学》（《社会科学战线》1994年第1期，以下简称《超越美学》），在感佩他的理论家的勇气的同时，也觉得有一些不当之处，特提出一些商榷意见。

众所周知，所谓"实践美学"，简言之就是坚持马克思主义的实践观点的美学理论体系。

它以人类的社会实践（主要是物质生产劳动）为逻辑起点，以历史唯物主义和辩证唯物主义为指导，建构了完整的美学体系。它发源于马克思的《1844年经济学哲学手稿》，经过19世纪中叶至今的发展，给西方美学带来了革命性变革。在我国，它兴起于20世纪五六十年代学习苏联的经验和美学大论争之中，并在七八十年代迅速壮大，形成了好几个影响颇大的流派，如李泽厚的社会积淀美学、蒋孔阳的创造美学、刘纲纪的实践自由美学、蒋培坤的审美活动美学等等。整个实践美学，现在正越来越显示出它的巨大生命力，并未到达杨春时同志所谓非超越不可的时候。由此可见，《超越美学》包含了不少误会、曲解。

杨春时同志对实践美学的最大误会和曲解就在于，把实践美学硬性划在古典美学的理性主义范畴之内，这是不符合历史事实的。

从世界美学的发展历史来看，美学中的实践观和实践观点的美学是经历了一个漫长的发展过程而达到一个革命性变革才产生的。远的不说，自从1750年鲍姆嘉通给美学命名使其独立以来，美学史上就产生了英国经验主义与大陆理性主义的分歧和争论。然而同时也兴起了德国古典美学（康德、席勒、黑格尔），力图综合经验主义和理性主义的美学主潮。但是由于德国古典美学的主要代表人物几乎都是唯心主义者，虽然他们在唯心主义的范畴内把感性与理性统一起来了，比如，席勒关于美是统一感性冲动和理性冲动的游戏冲动的对象的论述，黑格尔关于美是理念的感性显现的命题，可是终究没有能够达到真正的统一。马克思主义美学的创始人，继承和发扬了德国古典美学尚处萌芽中的实践观点，并把这种观点从天上置放到地上，以物质生产劳动为基础，创建了实践观点的美学，给世界美学发展带来了革命性变革，因而也就在社会实践的基础上真正辩证而又唯物地把感性与理性统一起来了。因此，实践美学绝不属于古典美学的理性主义范畴。

再从我国实践美学的几个主要流派的情况来看，实践美学也从未走入理性主义的圈子，而是延续了马克思主义美学创始人在实践基础上全面探讨的理论之路。李泽厚很早就提出了审美活动和艺术创造中的非自觉（非理性）状态的问题，他提出的"社会积淀说"，虽说是受到瑞士心理学家荣格的"集体无意识说"的启发，然而总体上还是以历史唯物主义和辩证唯物主义为指导，力图在社会实践的基础上解决审美和艺术活动中的感性与理性、内容与形式、个体与社会的矛盾，达到美学理论上的辩证统一。尽管李泽厚的论述并非完美无缺，但在总体上是正确的，坚持了在社会实践基础之上的感性与理性的实际统一。因此，它在受到主张非理性主义的学者和坚持反映论的理性主义者两方面的驳诘的情势下，仍然显示出了可观的理论力量，其影响范围反而大大扩展。还有，蒋孔阳从实践观点出发，经过人的本质力量的对象化，在人对现实的审美关系的动态运动之中，建构了创造美学。创造美学的最显著特点就在于它在广采博纳之中见出独树一帜，因而对于美学理论中的所有重要问题都做了全面、系统、辩证的阐述。蒋孔阳提出了"美在创造中"的命题，认为美的创造是一种多层累的突创，美的创造包含自然物质层、知觉表象层、社会历史层、心理意识层，是多层次的积累造成的一个开放系统，美的创造又是一种突然的创造，美就使复杂归于统一，使多样归于一统，最后成为一个完整的、充满了生命的有机的整体，美正是由这种创造而形成的自由的形象。蒋先生还明确地揭示了，审美欣赏内在的心理特征主要在于：生理与心理的矛盾统一，个性与社会性的矛盾统一，具象性与抽象性的矛盾统一，自觉性与非自觉性的矛盾统一，功利性与非功利性的矛盾统一。此外，刘纲纪从对马克思的"劳动创造了美"的实质性把握，建构了实践自由论的美学体系，认为马克思所说的人的本质力量的对象化，即人的自由的对象化，也就是现实的感性具体的对象所具有的必然性同人的自由两者的统一，这个统一，是一切之为美的本质所在，因此，美也就是社会实践自由的感性显现。他还指出，艺术是个别与一般的统一、认识与情感的统一、再现与表现的统一、具象与抽象的统一、个体与社会的统一、主观与客观的统一。这些理论体系和具体论断无疑已经证明，中国的实践美学并不属于古典美学的理性主义范畴，而具有以社会实践为基础的辩证统一的全面、科学的理论特征。

杨春时同志对实践美学的误会和曲解的另一方面就表现在，他对实践美学的一些主要范畴术语，如"实践""人的本质""自由"等的理解是不准确的、似是而非的。

"实践"，是实践美学的最主要的范畴。实践美学就是以实践概念为逻辑起点，以实践唯物主义（包括实践本体论和实践认识论）为其哲学基础并坚持实践观点而发展起来的美学体系。

在这里，实践是人们能动地探索和改造现实世界的一切社会的客观物质活动，实践是人的社会的、历史的、有目的的、有意识的物质感性活动，是客观过程的最高形式，是人类社会发展的普遍基础和动力，全部人类历史是由人们的实践活动构成的，人自身和人的认识都是在实践的基础上产生和发展的。因此，实践具有多种多样的形式，但其核心是物质生产劳动。正是在这样以物质生产劳动为中心的实践整体的基础上，在人类通过生产劳动自我生成的实践过程中，逐步形成了人对现实的审美关系，从此人类的生存活动的非理性、超理性的方面（性爱、生殖活动等）与它的理性方面一起，成为人的活动，属人的活动，确证人的本质力量的活动，也即按照美的规律进行的活动，这才使人进入更高层次，脱离了动物界。因此，实践概念，绝不是一个理性主义概念，它所指称的恰恰是理性与感性统一的客观物质活动，它形成人对现实的审美关系，由此而生成美、美感和艺术的根基、动力。人类的其他生存活动，如性爱、生殖活动（即人类自身的生产）及其他活动，离开了人类的实践，都还停留在动物的水平上。正是人的社会实践的人类性规定了审美活动的人类性。也正是在这个意义上，马克思才把美与人的本质对象化联系起来，实践美学才特别重视美、美感和艺术同人的本质的密切关系。

关于"人的本质"，马克思主义创始人有关于三个相互联系而可以视为一个整体的不同层级的命题，这就是：一、人的需要即他们的天性（《德意志意识形态》）；二、人的类特性恰恰就是自由的自觉的活动（《1844年经济学哲学手稿》）；三、人的本质并不是单个人所固有的抽象物，在其现实性上，它是一切社会关系的总和（《关于费尔巴哈的提纲》）。从总体上讲，可以说马克思主义认为，人的需要是决定人的本质的内在依据，生产劳动是人的本质的根本标志，而一切社会关系的总和则是人的本质的现实表现。实践美学正是抓住了人的本质的根本标志——以物质生产劳动为中心的社会实践，把审美需要当作人与动物根本区别的重要标志，把美、美感与人的本质（力量）的对象化紧密联系起来，把美和审美当作人的本质（力量）的确证。因此，人的本质和人的本质（力量）的对象化，由于马克思主义的全面理解而同样在美学中得到了全面的阐述。人的本质或人的本质力量，绝非一个理性主义的范畴，实践美学的人的本质（力量）的对象化的命题，也并未如杨春时所说的那样，仅仅把审美当作理性活动，美只有理性内容。主张"美是人的本质力量的对象化"最为明确的蒋孔阳先生就指出："美是人的本质力量的对象化，是一种形象，这种形象还必须是充满了生命的、生气灌注的。生命的特点是活动，是矛盾，是各种因素的有机的统一，因此，美的形象也必然要反映出生动性、矛盾的多样性以及多样中的统一性等等特点来。"①蒋先生还强调作为人的本质的确证的审美活动也是多方面多层次的矛盾统一。这些都有力地证明，实践美学的人的本质力量的对象化的命题绝非古典美学的理性主义概念。

至于"自由"，杨春时同志的理解也是不够准确的。自由这一概念可以有多方面的含义。

在哲学上，自由指人们认识了客观规律并用来改造客观世界的状态。在道德上，自由指个人认识社会关系的客观规律并根据相应认识选择行为方向和路线的主观能力。在政治上，自由指社会关系中受到保障或得到认可的按照自己的意志进行活动的权利。在美学上，按照实践唯物主义即马克思主义的观点，自由的含义大致可以归纳为以下四个方面。第一，规定美的本质的自由应指合规律性和合目的性的统一。第二，规定美的本质的自由应指以感性形象显示出来的自由。第三，规定美的本质的自由应指超越或扬弃了直接的物质功利目的的自由。第四，规定美的本质的自由应指个体与社会的统一。从这种规定美的本质的自由的含义，我们也就可以得出美的本质的一些主要方面。其一，从本体论方面来看，美是一种社会属性，即美是人类社会中才有的一种价值，美是由社会实践所规定的，美是随着社会实践的发展变化而发展变化的。其二，从发生学方面来看，美是

①　蒋孔阳：《对于美的本质问题的一些探讨》，载《蒋孔阳美学艺术论集》，江西人民出版社1988年版，第75页。

人类社会实践达到一定自由程度的产物。也就是说，只有当人类能掌握自然和社会的客观规律并运用这种规律去改造客观世界以实现自己既定目的时，才可能与客观世界产生审美关系，因而才在客观对象之上由事物的自然属性转化出审美属性，这样美才产生出来。其三，从认识论方面来看，美是客观对象所具有的客观价值、客观属性，人们的意识可以对这种客观存在的美做出各种各样的反应，却不可能抹杀这种客观存在的美。对于美不同的人的意识可以做出不同的反应，然而事物的美丑却不是主观意识可以任意左右的，而是具有一定的客观标准的。这种客观标准也就是一定历史时期人类所能达到的自由程度，也就是事物的合规律性与合目的性的统一。其四，从现象学方面来看，美是由一定的感性形象显现出来的自由，或者说美是自由的形象显现。由于这种形象是合规律性与合目的性的统一体，因此，美不但是附丽于一定感性形象的性质，而且是能够使接受者产生情感愉悦的性质，因为感性形象比起抽象概念更能引起人们的愉悦感。其五，从价值学方面来看，美是一种能满足人们的审美需要的社会价值，也就是一种超越或扬弃了人们直接物质性、生理性需要的价值。正因为美是一种价值，而且是一种满足人们的审美需要的价值，所以，美必定引起接受者的愉悦感，而且这种愉悦感是超越或扬弃了那种生理性快感的精神性愉悦。正是在这个意义上，我们才可以说美是区别人类和动物的一个重要标志。由以上这些论述我们可以明白地看出，实践美学的自由概念，并非古典美学的理性主义范畴，而是强调了合规律性与合目的性的统一、个体与社会的统一、感性形象与实践自由的统一，超越或扬弃了直接物质需要的精神自由及其所引发的精神愉悦感，也就是说是一个科学的、全面的概念，一个如实地蕴含了审美活动及其对象本质属性的范畴。

在扫除了杨春时同志对实践美学的三个重要概念的误会和曲解以后，我们就可以看到，实践美学不仅没有抹杀审美的超越性、精神性和个体性，根本没有陷入传统美学的自相矛盾之中，而且也没有因为强调审美的超越性、精神性和个体性而忽视了其现实性、物质性、社会性、历史性，而是在社会实践的基础上达到了感性与理性、主体与客体、精神与物质、个体与社会、逻辑与历史、主观与客观、现实与理想、有限与无限等一系列因素的对立统一，确实完成了德国古典美学所梦寐以求的统一感性主义与理性主义、形而上美学与形而下美学的历史使命，开辟了通向美学奥秘全面揭示阐发的康庄大道。

杨春时同志要"超越"实践美学，建立所谓"超越美学"，从哲学根基上来看，是难以成立的。

首先，超越美学的本体论基础就是不可靠的。杨春时为超越美学找到的本体论核心范畴是"人的存在——生存"，并认为生存是我们能够肯定的唯一实在，这是哲学思考的最最可靠出发点。其实，生存这个概念是一个含混不清的无法规定世界真正本原的概念。从自然本体论来看，人的存在——生存，绝对不可能成为整个宇宙（自然界）的本原，因为在人类在地球上生存的很久很久以前，宇宙（自然界）就存在了。从社会本体论来看，人的存在——生存，也绝对不可能成为人类社会的本原，因为人类社会固然是有了人的存在后才形成的，然而人类本身却是在以物质生产劳动为中心的实践之中逐渐自我生成的，因此，生存本身还有其本原，这就是实践。此外，把生存的本质规定为精神性的、个体性的、超越性的，并以此作为本体论基础来论证审美的精神性、个体性和超越性，也充分暴露出超越美学的本体论基础的唯心主义实质。

其次，超越美学的认识论（解释学）基础也是十分脆弱的。这种脆弱性当然与它的生存本体论的精神虚妄性是密不可分的。正因为超越美学是从精神性、个体性、超越性的人的存在——生存这个虚设的本体出发的，所以杨春时同志在认识论上走向了纯粹主观性质的解释学。这种解释学认为，人类生存是解释性的，它能创造自己的意义世界，因而不同于物的存在或动物的生存。解释活动是主体性的，它不是被动地反映对象世界，而是能动地构造意义世界。解释活动又是个体性的，它创造了独特的意义世界。解释的本质又是超越性的，它总是指向总体性——对生存意义的把握。这种超越性的解释超越现实意义世界，达到对本体的领悟，而审美和哲学（作为审美的反思）就是超越性的解释。从这些论述来看，在杨春时那里，解释活动是精神性的人类生存对作为本体的自身的领悟，而这种解释活动也就是审美。那么，审美活动就是一种生存着的人类的自我意识。如此，似乎通过解释活动就化解了一切，一切都成了意识（精神）的自我（生存）的创造，而且是个体的创造。这不仅把审美与认识混为一谈，而且这种解释学中充满唯我主义。世界的意义是由自我规定的，意义的世界是由自我创造的，生存本身的意义也是由自我发现的，因此，万物皆备于我了。

正因为超越美学的哲学基础——生存本体论和解释学认识论，一个是唯心主义的，一个是唯我主义的，所以，超越美学也就难以成立了。

我们先来分析一下杨文中所谓的"超越性"究竟意味着什么。他指出，这种审美超越表现在这几个方面：对现实的超越，对现实意义世界的超越，对理性的超越。从而肯定了审美的个体性、精神性，由此就是对主客体对立的克服，以及主客观的完全同一，最后就达到了他关于美的定义：美就是超越的对象和意义，它是充分精神性和个体性的。

在杨春时同志看来，审美以与现实活动相隔绝为前提，主体忘却自我，由现实主体变为审美主体，对象也脱离现实世界，变为审美对象，而且脱离现实时空，进入自由的审美时空。

更重要的是，审美超越现实，进入自由的生存方式。但是，我们要问：审美果真就非得以与现实活动相隔绝为前提吗？主体如何隔绝现实活动，成为审美主体？客体又如何脱离世界，成为审美对象？审美又如何超越现实，进入自由的生存方式？我认为，真的与现实活动相隔绝了，审美也就失去了它的真实价值，而要让人成为审美主体、客体成为审美对象，审美主体要真正进入自由的生存方式，这一切都离不开现实的物质的社会实践活动，没有人类实践带来的人与现实的关系的改变，即没有在社会实践中人与现实的审美关系的生成，也就不会有审美，不会有审美主体、审美客体和审美感受。而超越美学的纯精神性则使它陷于梦幻之中。这种纯精神性又使超越美学创造了超越的意义世界。现实意识升华为审美意识，它解放了主体的直觉能力和想象能力，使其突破了文化的障蔽，直接领悟了存在本身，获得了生存的真正自觉——对生存意义的把握。由此可见，杨文所说的对现实的意义世界的超越，不过是脱离现实的一切客观属性和价值而任凭审美主体发挥自己的直觉能力和想象能力去进行心灵的创造，这样就达到了超越的意义世界，获得了精神自由。

　　杨春时同志认为，生存是个体性的，人是个性化的存在，对象世界是个性化的意义世界。对于人来说，特殊性才真正是他和他的对象的本质，审美以其充分的个体性抓住了世界的本质。审美就是充分个性化的生存方式和意义创造。由此又进一步认为，生存既要有物质基础，又本质上是精神性的，不仅物质实践要在精神指导之下，而且生存本身就是超越物质存在指向精神存在的。审美以其超功利性摆脱物质生存条件的限制，成为独立自由的精神活动。这样，审美就成为生存的精神性的充分实现。审美的超越性、自由性都源于精神性，精神总是超越现实，指向自由的。杨文中的上述这些话语，虽然也加上了"在社会实践的基础上肯定了审美的个体性""在物质实践的基础上肯定了审美的精神性"的前提，但是，这不过是在实践美学已经得到普遍认同的情况下的一种不得不说的掩饰的话语。而在这个"实践的基础"之后，马上就是对于生存的个体性本质和精神性本质的最高肯定，因而超越了社会的和物质的实践，就导致了个体性与社会性、物质性与精神性在现实中的割裂和势不两立，最终只有他的审美的个体性和精神性才能充当超越现实的社会性和物质性，超越现实的意义世界，超越理性，超越现实，走向个体的精神自由，这样，生存就充分实现了。这里的出发点是生存的本质的个体性和精神性，又是经由这种本体的个体性和精神性达到了审美的个体性和精神性，最后又回归到了生存本体的个体的精神的自由，因此，仍然是一个个体的精神的生存的自我意识的演化，这种纯粹个体精神的演化过程当然很容易超越现实、超越现实意义世界、超越理性而达到精神自由。只可惜的是，它永远不过是某一个个体的纯粹精神性的遐思冥想，根本不可能实现，因为离开了社会性和物质性，个体和精神就什么也不是，只是一种虚无。这一切根源就在于生存本体论的那个精神性的个体存在——生存。因为这个生存本体论已经摒弃了古典哲学的实体范畴，它认为世界不能脱离主体而存在，因此，美不是实体或它的属性，而是对象和意义。美的本质问题，在实体或其属性的框架内无从得到解决，因为美无法实证、没有规范，它成为不可思议的幻象。只有从对象和意义的角度，才能理解美的本质。美就是超越的对象和意义，它是充分精神性和个体性的。怎样来看待杨文的这一段论证呢？既然美与实体无关，它也不是事物的属性，那当然就是精神性的和个体性的，只要每个人的精神善于超越（想象出不可思议的幻象），审美就完成了，美就产生了。美就是这个生存在个体超越中创造出来的对象和意义，所以，美就是超越的对象和意义。这样，杨春时同志用生存本体论的话语重复了美是主观精神世界的产物的古老观点。而且必须指出的是，为了彻底地离开现实社会，杨春时同志突出了生存和审美的个体性和精神性，因为只有个体（每个人自己）的精神世界是可以由自我任意想象、直觉的。但是，个体和精神必定要受物质世界和社会关系的制约，却又是任何人无法逃避的。因此，如果按照杨春时的超越美学的构想去规范中国当代美学，其必然的趋势和结果就是重新回到人的精神世界去寻找美的本质，使审美和艺术脱离人们的社会生活实践，成为梦幻、空想。

　　尽管实践美学作为一个大的理论体系，其中有些具体的理论流派或主张会随着实践美学的发展、完善而被扬弃或修正，但是，实践美学赖以作为基础的实践唯物主义及其根本观点——历史唯物主义和辩证唯物主义的实践观点，却是永远不会过时的，而且会随着历史的发展而不断显示出更加夺目的光辉和日新月异的理论力量。因此，要进一步发展中国当代美学，必须更坚决地坚持和丰富实践观点，深化和完善实践美学，百家争鸣，求同存异，建设起有中国特色的马克思主义美学理论体系。

三、论新实践美学的文学本体论

文学本体论是关于文学的存在本原和存在方式的形而上追问和探寻，它是以一定的哲学本体论为基础对文学的理论上的研究和探讨。因此，文学本体论受制于一定的哲学和美学的体系，换句话说，一种文学理论的文学本体论是由该文学理论的哲学和美学体系的大前提所决定的。中国当代美学在20世纪末21世纪初的多元共存的大好形势下，出现了实践美学一枝独秀和其他美学流派百家争鸣的繁荣发展态势。20世纪90年代开始了实践美学和后实践美学的论争，在21世纪第一个10年之中又形成了新实践美学与非实践美学的争论。在这次的争论中，非实践美学的学者围绕着马克思主义美学的许多根本问题向新实践美学提出了质疑和诘难。其中关于文学本体论的问题就是一个十分重要的问题。诘难者指责新实践美学的文学本体论以实践本体论（或实践存在论）为基础是一种唯心主义，主张文学本体论应该以物质本体论为基础，这才是真正的马克思主义美学和文艺理论。对此我们不敢苟同。

（一）物质本体论只能是不言自明的前提

马克思主义美学的文学本体论究竟是物质本体论还是实践本体论？这关系到马克思主义哲学和美学的根本问题。我国学术界以往长期否认马克思主义哲学和美学有本体论，认为马克思主义哲学和美学只是认识论，经过了新时期以来大家的努力探讨，马克思主义哲学和美学有其本体论已经成为一种共识，但是，对于究竟是物质本体论还是实践本体论，却产生了分歧。一些非实践美学的学者主张马克思主义哲学和美学的本体论应该是物质本体论，而不是实践本体论，并且视实践本体论为唯心主义。这是需要澄清的。

所谓本体论是关于存在的本原和方式的哲学学问。在人类社会产生以前地球上的存在是统一的自然界，因此它由自然本体论来研究，就是自然本体论。自然本体论一直存在着唯心主义和唯物主义两种，唯物主义本体论认为，自然界的存在本原和存在方式统一于物质；而唯心主义本体论则认为，自然界的存在本原和存在方式统一于精神。但是，人类社会产生以后，世界分为自然界和人类社会两大部分，世界除了自然界还有人类社会，那么世界的存在就相应地也有自然存在和社会存在两大类，因而社会本体论就产生了。同样，社会本体论也有唯心主义和唯物主义之分。唯心主义的社会本体论认为，社会的存在本原和存在方式是诸如意志、直觉等精神意识；而唯物主义的社会本体论则认为，社会存在的本原和方式是诸如自然物质、人类实践等物质因素。马克思主义的社会本体论是唯物主义本体论，而且是实践本体论，认为社会的存在本原和存在方式是由人类的社会实践决定的，它不同于旧唯物主义本体论，后者认为社会的存在本原和存在方式就是自然物质。19世纪的费尔巴哈等人的自然本体论是唯物主义的，但是他的社会本体论坚持物质本体论，因此陷入了机械唯物主义之中，无法解释人类社会的存在本原和存在方式，反而把社会的存在本原和存在方式归结为纯粹的自然物质，人类社会的一切存在的本原和方式就成为物质的纯粹产物，忽视了人类社会的存在本原和存在方式是通过人类的物质生产、精神生产和话语生产的社会实践而产生出来的，最终成为历史唯心主义，也就是马克思和恩格斯所谓的"半截子唯物主义"。因此，只有马克思主义哲学和美学的实践本体论才真正科学地揭示了人类社会的存在本原和存在方式及其形形色色社会现象。文学艺术在马克思主义的实践本体论的观照之下才获得历史唯物主义的解释：它是一种社会意识形态的存在，它是人类以物质生产为中心包括精神生产和话语生产的整个社会实践的产物，是一种特殊的精神生产和话语生产，也就是审美意识形态的存在。

　　由此可见，马克思主义哲学和美学的文学本体论是以实践本体论为其哲学基础和美学基础的，而实践本体论是以物质本体论（自然本体论）为其不言自明的前提的。换句话说，离开了自然的和社会的物质存在就不可能有文学艺术的生产及其产品。但是，仅仅有自然物质和社会物质是不够的，这些自然物质和社会物质不可能自行产生文学艺术的活动及其作品。人类社会产生以前没有文学艺术的活动及其作品，这是一个不争的事实。它雄辩地证明了，自然物质本体论不能解决文学艺术的存在本原和存在方式问题。至于社会物质，则是人类在自然物质的基础上通过自己的物质生产、精神生产和话语生产创造出来的，离开了人类的社会实践，自然物质也不可能成为社会物质或社会存在。那么，文学本体论只能以物质本体论为其不言自明的前提，物质本体论却不可能真正科学地解释文学艺术的存在本原和存在方式问题。而只有马克思主义哲学和美学的实践本体论才可能真正科学地解释文学艺术的存在本原和存在方式问题。

　　之所以必须坚持物质本体论这个不言自明的前提，是因为事实上离开了自然物质和社会物质，人类的社会实践是根本无法进行的，物质生产离不开自然物质和社会物质的前提，是十分明确的：人类的一切物质生产都离不开作为物质存在的劳动对象、劳动工具和劳动者；就是精神生产和话语生产也是离不开物质存在的，文学艺术的表现对象、艺术形式（艺术符号）、艺术家本身都是物质存在，艺术家的思想感情也都必须依附于物质存在才能够存在。但是，没有人类的物质生产、精神生产和话语生产的社会实践，自然物质是不可能生成社会物质的，也不可能生成文学艺术活动及其作品。因此，马克思主义哲学和美学在坚持实践本体论的时候，是以物质本体论为其不言自明的前提的。而且，马克思主义创始人在创立历史唯物主义的实践本体论时，与一切唯心主义本体论进行了长期不懈的斗争，始终坚持社会存在决定社会意识的历史唯物主义的实践本体论。马克思和恩格斯的《德意志意识形态》、马克思的《关于费尔巴哈的提纲》等著作已经为我们树立了光辉的典范。19世纪与20世纪之交，列宁曾经针对贝克莱的"存在就是被感知"、经验批判主义的唯心主义本体论等，写下了《唯物主义和经验批判主义》等著作，坚持了唯物主义本体论的物质本体论的前提。然而，马克思主义经典作家们从来没有把物质本体论直接用来解释文学艺术的本体，即文学艺术的存在本原和存在方式。他们都是以物质本体论为不言自明的前提，以实践本体论为哲学和美学基础来揭示文学艺术的本体的。

（二）实践本体论是文学本体论的哲学基础

关于文学艺术的存在本原和存在方式，单纯的物质本体论是无法解释的。文学艺术的存在本原是什么？文学艺术的存在方式是什么？它们绝不是可以从纯粹的物质存在之中产生出来的，它们也绝不可能就是一堆纯粹的物质存在。因此，从物质存在到社会存在，再到文学艺术的存在，只能是人类社会实践的过程和产物，离开了人类的社会实践，自然物质永远只是自然物质，不可能成为反映社会生活的审美意识形态文学艺术，也不可能成为表现艺术家的思想感情的符号文本。文学艺术作品是以物质存在的方式存在的，但是一部小说、诗歌、散文、戏剧或者其他文学艺术作品，不仅仅是一堆纸张和印刷文字的物质存在，也不仅仅是网络上的文字符号形式的物质存在，它们要成为艺术作品，即人们的审美对象，也离不开人们的实践活动。这些应该是不争的事实。因此，马克思主义美学的文学本体论只能是以实践本体论为其哲学基础的。20世纪西方哲学和美学在解决文学本体论问题的过程中，为什么会出现波普尔的"三个世界"的理论、现象学的审美经验论、接受美学的读者中心论等理论？就是因为从物质存在根本无法直接衍生出文学艺术的创作和欣赏活动以及文学艺术作品。但是，西方美学的文学本体论忽视了人类社会实践的根本作用，仅仅从文学艺术本身来探讨文学艺术的存在本原和存在方式，虽然在某些方面也揭示了一部分文学本体论的真理，但是，在文学艺术的存在本原和存在方式的最终的基础及其具体的展现过程方面却离开了实践本体论，或者没有把实践本体论坚持到底，归根结底不能真正科学地解决文学艺术的本体问题。

所以，马克思主义的实践本体论才是文学本体论的真正哲学基础。

从实践本体论出发，在《1844年经济学哲学手稿》中，马克思第一次提出了艺术是一种特殊生产方式。他指出："宗教、家庭、国家、法、道德、科学、艺术等等，都不过是生产的一些特殊的方式，并且受生产的普遍规律的支配。"①这不仅是马克思主义文论中艺术的生产论和意识形态论的最初表述形式，而且对于后来的东方和西方的马克思主义文论都具有巨大的影响。马克思和恩格斯在创建历史唯物主义的过程中，同时也合乎逻辑地为艺术及其本体进行了马克思主义的定位，马克思在《〈政治经济学批判〉序言》中指出："随着经济基础的变更，全部庞大的上层建筑也或慢或快地发生变革。在考察这些变革时，必须时刻把下面两者区别开来：一种是生产的经济条件方面所发生的物质的、可以用自然科学的精确性指明的变革，一种是人们借以意识到这个冲突并力求把它克服的那些法律的、政治的、宗教的、艺术的或哲学的，简言之，意识形态的形式。"②这是马克思主义创始人比较早把文学艺术定位为意识形态的说法。马克思主义创始人关于艺术的意识形态性的思想是一以贯之的，不容置疑的。而且，恩格斯在以后多次解释过这个观点，做了全面而辩证的说明，以驳斥那些马克思主义"唯经济决定论"的误解和曲解。总之，在马克思主义的社会结构论中，文学艺术及其本体的定位就主要是一种意识形

---

① 马克思：《1844年经济学哲学手稿》，载《马克思恩格斯全集》第四十二卷，人民出版社1979年版，第121页。

② 马克思：《〈政治经济学批判〉序言》，载《马克思恩格斯选集》第二卷，人民出版社1972年版，第83页。

态。马克思还在《〈政治经济学批判〉导言》中把艺术视为一种不同于理论的把握世界的方式："整体，当它在头脑中作为被思维的整体而出现时，是思维着的头脑的产物，这个头脑用它所专有的方式掌握世界，而这种方式是不同于对世界的艺术的、宗教的、实践—精神的掌握的。"①我们认为，马克思在这里把艺术作为一种与宗教相近的"实践—精神"的掌握世界的方式，即介于理论的和实践的掌握世界的两种方式之间的一种兼有实践的和精神（理论）的方式特点的掌握世界的方式。由以上所说可以看到，在马克思主义创始人那里，文学艺术的本体和本质不是单一的，而是多层累的：艺术既是一种特殊的生产，又是社会意识形态之一，还是一种"实践—精神"的掌握世界的方式。因此，我们不能对马克思主义的文学本体论和艺术本质论做单一的、单向度的理解。这是由实践本体论的整体所决定的。

（三）新实践美学的文学本体论

新实践美学在马克思主义哲学和美学的实践本体论的基础上坚持和发展了中国旧实践美学的实践本体论，使得马克思主义实践本体论显示出了巨大的生命力。

实践美学在马克思主义实践观点和实践唯物主义的基础上建构了中国实践美学，并且在中华人民共和国成立以后的20世纪50—60年代的美学大讨论中脱颖而出，继而在20世纪80年代新时期的美学热之中成为中国当

---

①　马克思：《〈政治经济学批判〉导言》，载《马克思恩格斯选集》第二卷，人民出版社1972年版，第104页。

代美学的主导流派。但是它由于所带有的时代和学派的局限性，在20世纪90年代遭遇了后实践美学家们的质疑和诘难。就是在这种实践美学与后实践美学的论争之中新实践美学应运而生，把中国马克思主义实践美学，即中国化马克思主义美学，推进到一个新的历史阶段。新实践美学对旧实践美学的坚持和发展主要是围绕着实践范畴展开的。新实践美学对马克思主义美学思想的实践概念进行了实事求是的、辩证逻辑的、全面的理解和阐释。实质上这种新的理解和阐释就是体现了，把中国传统美学思想的美善相乐伦理性、直觉感悟整体性、天人合一和谐性的优长之处，与西方美学的美真统一科学性、理性分析逻辑性、天人相分二元性的优长之处结合起来的合理成果。旧实践美学的代表人物主要是以康德的哲学和美学的思维方式和体系构架来建构旧实践美学的，因此，对于马克思主义的实践概念就采取了西方哲学和美学的美真统一科学性、理性分析逻辑性、天人相分二元性的理解和解释的模式。这样的结果就是把实践单一地定义为物质生产。本来，实践这个概念在马克思主义创始人那里最主要的含义就是物质生产，但是，也包含精神生产和话语生产的意义在内。这一点在马克思的《关于费尔巴哈的提纲》、马克思和恩格斯的《德意志意识形态》等著作中都是非常明确的，但是，由于旧实践美学的代表人物所信奉的是以康德的哲学和美学为代表的西方哲学和美学的美真统一科学性、理性分析逻辑性、天人相分二元性的思维方式和建构方式，所以就忘记了马克思主义创始人的实践概念的多元性、复义性、模糊性、语境性和效用性，也就是维特根斯坦所说的词的意义就是它的用法等具体的意义生成。新实践美学洞悉了旧实践美学的这种对实践概念理解和阐释的科学性、理性分析和二元对立的思维模式之不足，借鉴中国传统美学思想的美善相乐伦理性、直觉感悟整体性、天人合一和谐性的优长之处，重新理解和阐释实践概念。一方面从马克思主义创始人的经典著作之中寻找根据，另一方面伦理性地、直觉感悟整体性地、天人合一性地理解和阐释实践概念，从而得出这样的结论：实践概念是以物质生产为中心包括精神生产、话语生产的一个整体。这样就使得实践美学的理论根基建立在比较坚实而又广阔的土地上，避免了从物质生产本身这个唯一的维度来阐述美、审美和艺术的单向度的狭窄视野以及西方传统美学及其文论的唯理主义（理性主义）确定性的局限思维。这正是使科学性与伦理性相结合，理性分析和直觉感悟相结合，天人相分和天人合一相结合的思维方式和建构模式的具体体现。我们可以回顾一下中国传统美学思想的任何一个概念范畴，诸如"美""大""神""妙""能""意象""意境""风骨""神韵""妙悟""韵味""味""神思"等等，没有一个可以用西方哲学和美学的思维方式和建构模式规定在唯一性的框框之内，它们的含义都是多维度的，在不同的语境之中会生成新的意义，但是它们又都是一个整体性的意义生成体。只有这样理解和阐释实践概念才可能在实践观点和实践唯物主义哲学的基础上合理地建构起实践美学的完整体系。这样，新实践美学实质上是把马克思主义美学思想中国化的历史进程也推进了一步。

新实践美学重新界定实践范畴，对于实践本体论与文学本体论来说，也是一种坚持和发展马克思主义美学的举措。新实践美学对于实践范畴的重新理解和解释，首先是以物质生产为中心的，这样就保证了马克思主义实践美学的历史唯物主义的基本原理。其次，新实践美学根据马克思主义经典作家们的论述把精神生产明确地放在实践范畴之内，这是有据可查的。再次，新实践美学依据马克思主义创始人对于语言的物质性、实践性、中介性的论述，参照西方20世纪语言哲学关于"以言行事"的言语行为理论以及福柯关于知识考古学的话语生产（话语实践）建构"知识型"和语言意义的理论，认定话语生产也是人类的基本社会实践，即以语言符号进行的人类交往的活动。这样，马克思主义哲学和美学的实践概念就是以物质生产为中心包括精神生产和话语生产的整体，即人类与自然双向对象化的、现实的感性活动。这样的实践概念才可以既坚持物质生产对于文学本体论的最终决定意义，又可以真正科学地解释文学艺术的存在本原和存在方式问题。

新实践美学的文学本体论，在实践本体论的基础上坚持物质生产的中心地位，这是马克思主义历史唯物主义基本原理所决定的，不能动摇。这是因为，第一，根据历史唯物主义基本原理，正是物质生产劳动使得人类脱离动物界成为社会实践和社会生活的主体，并且能够"按照美的规律来建造"，换句话说，正是人的物质生产使得人的生产（包括生活资料的生产和人的自身生产）脱离了动物的生产的本能性、功利性、狭隘性，而具有了人类社会性、审美自由性、实践超越性。这样的物质生产才是"按照美的规律来建造"的实践活动，它才给人的文学艺术生产准备了坚实的物质基础。第二，原始艺术史和原始文化史已经证明了，物质生产生成了人类的审美需要。原始艺术史和原始文化史昭示我们，人类的文学艺术的遗迹大概是在旧石器时代晚期才开始有的，也就是欧洲的克罗马农人和中国的山顶洞人时代才出现的。正是这种审美需要给人类的文学艺术生产赋予了巨大的内驱力。第三，根据人类遗传学、文化人类学的田野调查和理论研究，物质生产使得人的大脑、手、感觉器官，进化成为审美创造者、审美分析器、审美接受者、审美的器官。这样，物质生产给人类的文学艺术生产提供了现实存在的基础。综上所述，我们可以看到，物质生产是文学艺术的存在本原和存在方式，而且是最终的、最根本的存在本原和存在方式。换句话说，没有人类的最初的和一以贯之的物质生产，也就不会有文学艺术活动及其产品。因此，物质生产劳动是实践本体论与文学本体论的中心环节。

新实践美学在马克思主义的论述的基础上，进一步把精神生产确认为实践范畴的一个重要方面，并且根据马克思主义历史唯物主义基本原理，把文学艺术认定为一种精神生产。这样，新实践美学就在物质生产劳动的实践范畴之中，确认了文学艺术的基本特征：超越功利性、情感感染性、心理完整性。第一，物质生产使得人们能够满足自己的实用需要（吃、喝、住、穿、性等等），为过渡到精神需要（认知需要、审美需要、伦理需要、自我实现需要）准备好了物质条件，而精神生产就在这样的物质条件的基础上进一步区分出对应不同的精神需要的精神活动及其产品，使以审美需要为内驱力的精神活动及其产品区别于以认知需要和伦理需要为内驱力的精神活动及其产品，这样就产生了文学艺术与认识（理论）和政治、伦理、道德活动的区别，进一步超越了认识的功利性、政治的功利性、伦理的功利性、道德的功利性，也超越了宗教的非现实的功利性，使得文学艺术活动的现实的超越功利性的审美特征突出来了。进而把文学艺术与一切功利性的其他精神活动及其产品区分开来，使其成为人类社会的审美意识形态、审美的精神生产活动及其产品。第二，在物质生产"按照美的规律来建造"的基础上，精神生产实践进一步加强了文学艺术的情感作用和情感特征，从而在文学艺术活动及其产品之中更加突出了情感感染性，进一步区别于认识活动、理论活动、政治活动、道德活动和宗教活动及其产品，使文学艺术活动及其产品带上了情感中介性，也就是说在文学艺术活动及其产品之中，人的一切认知和意志的活动都是通过情感的中介来展开的，情感在文学艺术活动及其产品之中成为驱动力、定向仪、弥散器。情感在文学艺术活动及其产品之中是驱使艺术家进行创作和接受者进行欣赏的动力，情感决定着人们的感知、联想、想象、意志等活动的展开方向，情感弥散于整个文学艺术活动及其产品之中，往往会产生心理距离和移情的审美现象。第三，在物质生产和话语生产的基础上，精神生产整合了人的一切心理活动和心理因素，也就是认识、情感、意志的一切组成要素，成为一个以情感为中介的包括认识、意志等所有因素的精神生产及其产品的整体。如果没有精神生产，人的文学艺术活动及其产品就不可能成为一个依附于一定物质基础的精神性的完整整体。综上所述，正是精神生产实践使物质生产之中准备好了的文学艺术活动及其产品的物质条件，进一步在人的精神作用之下成为以一定的物质形式表现出来的精神整体，具有了精神价值和精神意蕴。这样才会有文学艺术活动及其产品的真正存在。

新实践美学把话语生产归入实践范畴之内，是一次重大的创新，不过，如前所述，这种创新是有充分的马克思主义经典著作的根据的，也是有着西方语言哲学的学理依据的，也还有西方马克思主义和后现代主义思想家的创新榜样的。话语生产对于人类来说是非常重要的，它是人类存在的本原之一，也是人类存在方式之根本，而且它还是整个实践过程的一个中介因素，也就是说，离开了话语实践以及语言（言语、话语）的存在，人类的存在本原和存在方式都会是虚无的。正因为如此，20世纪西方哲学和美学之中的社会本体论在经历了19世纪和20世纪之交的精神本体论及其美学以后，才会产生"语言学转向"，产生语言本体论，也就是海德格尔的"语言是存在的家园"、维特根斯坦的"语言是认识的边界"、伽达默尔的"语言是被理解的存在"等所表述的存在本原和存在方式的理论。不仅如此，话语生产对于文学本体论具有特殊的意义和价值。第一，话语生产是物质生产到精神生产的中介因素。人类的最早的生存活动和实践活动就是物质生产，在物质生产过程中，人类创造了符号和话语生产，这样才可能进一步进行精神生产。离开了符号、符号思维和话语生产，精神生产就是不可能的。因此，德国新康德主义者恩斯特·卡西尔直接称"人是符号的动物"或者"人是文化的动物"。20世纪西方哲学和美学之中的符号学和文化学研究之所以能够发展起来乃至蔚为大观，就是因为符号（语言）和话语生产是人的存在的本原和方式之不可或缺的方面。从人类的实践发展来看，话语生产正好是从物质生产发展到人类实践的高级形态精神生产的中介因素。话语生产为精神生产提供了符号（语言），奠定了符号思维和语言思维的基础，从而使精神生产得以在人类的头脑（意识）和精神世界之中进行，可以摆脱人的一切活动的直观性和直接性，而达到抽象性、间接性和中介性的高度；而且可以通过符号（语言）使精神生产的产品显现出来，表现出来，传达给其他人。第二，文学艺术活动及其产品就是一种话语生产和精神生产相结合的实践活动及其产品。任何一种文学艺术及其产品，像文学、音乐、绘画、雕塑、戏剧、摄影、电影、电视、书法、建筑，都是运用符号（语言）进行的和存在的。如果没有了符号（语言）及其话语生产，不但作为精神生产的文学艺术活动不可能进行，其产品也不可能存在，而且作为符号活动的文学艺术活动也是无法进行的，当然其产品也不可能存在。由此可以看到，符号（语言）及其话语生产对于文学艺术的存在本原和存在方式是不可或缺的。第三，话语生产是使文学艺术活动及其产品具有外观形象性，以区别于其他精神生产，并且把各门类文学艺术区别开来的依据。文学艺术活动与其他精神生产，诸如认识（理论）、政治、道德、宗教相区别的一个根本标志就是外观形象性，也就是审美意识的感性形象显现，而像文学、音乐、建筑、绘画、雕塑、书法、戏剧、电影、电视、摄影等的根本区别也就在于它们的特殊艺术语言：文学语言、音乐语言、建筑语言、绘画语言、雕塑语言、书法语言、戏剧语言、电影语言、电视语言、摄影语言等。而这些都是在话语生产之中得以实现和完成的。具象性的符号、形象思维、艺术语言的不同给文学艺术的存在本原和存在方式提供了感性的、现实的根据，从而使文学艺术区别于其他的意识形态的存在，同时也把文学艺术的不同类型区分开来。这些都是话语生产给文学艺术的存在本原和存在方式带来的决定性功能。

　　总而言之，文学本体论只能以实践本体论为其哲学和美学基础，而物质本体论只能是文学本体论的不言自明的前提，新实践美学在马克思主义实践本体论的基础上，拓展了实践范畴的含义，从物质生产、精神生产和话语生产三个层次阐述文学艺术的存在本原和存在方式，从而坚持和发展了中国化马克思主义美学的文学本体论，把中国实践美学推进到了新的历史高度和新的理论水平。

四、实践本体论与文学本体论

文学本体论问题是新时期中国当代美学和文学理论的一个非常重要而又众说纷纭的问题。最近看到董学文、金永兵等著的《中国当代文学理论（1978—2008）》（北京大学出版社，2008年）一书的相关论述，反对以实践本体论为基础的文学本体论，并且武断地判定实践本体论不是马克思主义的本体论，而是不可知论和唯心主义的精神主体性的本体论，力主"物质一元论"的本体论及其文学本体论。我们认为有必要进行澄清和辨明。

（一）实践本体论就是马克思主义的本体论

按照马克思在《关于费尔巴哈的提纲》、马克思和恩格斯在《德意志意识形态》以及其他主要著作中的论述，实践是人的生存基础、人的存在方式、人的本质的主导方面。人必须通过自身的生产和物质生产来满足自己的物质需要，与自然界进行物质和能量的交换，以保证自己的肉体存在；人还必须从事精神生产来满足自己的更高层次的发展性、精神性的需要，以充分地自我实现，成为真正意义上的人；人必定在以物质生产为中心的社会实践中结成一定的社会关系，进行话语生产的交往活动，并且不断自我生成，完整地创造自己的历史。所以，实践不仅仅是人的本质力量对象化的感性活动，而且是人类自由自觉、有目的、有意识的理性活动；实践不仅仅是人类认识的基础，而且是将外在对象移植到人们的意识之中的转换器，更是检验认识的真理性的唯一标准。人在社会实践中，不仅使大自然由与人关系不密切的甚至威胁到人的生存的"自在的自然"逐渐转化为与人关系密切的、能确证人的本质力量的"为人的自然"，成为"人化的自然"，而且不断改变着人自身的性状，使之不断全面、丰富地发展，由私有制条件下的异化的人逐步成长为得到自由发展的全面的人，成为"人化"的人，也就是说，实践也是一个自然对象化为人的内在尺度的过程，即一个人的自然化或人的"人化"的过程，因为人只按自己的物种的尺度来建造就仍然是动物，只有当人能够按照自然界任何物种的尺度来建造时，他才是真正的人。实践是一个生生不息、充满活力的动态过程，它不是一个永恒不变的实体，而是包含人与自然、人与社会、人与自身等一切关系，亦即包含主客体间性、主体间性、客体间性的动态开放过程。因此，实践是唯一一种能够超越一切客体与主体、理性与感性、个体与社会、物质与精神、主客体间性与主体间性等二元对立因素的动态过程，而且是一种人类超越现实并且自我超越的开放过程。

所谓本体论就是研究存在的本原和方式的哲学学问。宇宙之中的存在，在人类没有生成之前就是自然的存在，在人类生成之后就使得自然的存在分化为自然存在和社会存在两大类，因此本体论也就有了自然本体论和社会本体论（或者人类本体论）两种。从西方哲学史来看，古希腊罗马时期的欧洲古代哲学就以对自然本体论的探讨为主，形成了以探讨存在的实体的本原和方式为宗旨的形而上学的哲学体系。然而，经过长久的形而上学的对自然本体论的探究，关于宇宙的存在的本原和方式的问题始终无法找到一个妥当的实体性答案，于是，法国哲学家笛卡尔提出"我思故我在"，把自然本体论问题转换为认识论问题，力图在认识论的基础上来探讨自然本体论的问题。因此16世纪到18世纪的欧洲哲学就产生了"认识论转向"，但是，当时的认识论哲学仍然是一种形而上学，不过是在主体和客体二元对立的思路下的实体性形而上学探讨。自然本体论的问题仍然难以解决，德国哲学家康德就宣布本体论问题是不可知的，从而把本体论问题作为信仰问题推向了彼岸世界。然而，随着科学技术的发展，对于自然本体论的问题日益倾向唯物主义的哲学解决，不过，哲学家日益发现自然（宇宙）存在的本原和方式不可能是实体性的，而是关系性的，法国哲学家狄德罗以及德国哲学家黑格尔、费尔巴哈对此进行了卓越的研究，与此同时，对于社会（人类）存在的本原和方式的探讨突出来了，马克思主义的实践本体论就是在旧唯物主义的成果基础上应运而生的一种社会本体论（或者叫人类本体论）。实践本体论是以物质存在为自然本体论前提的一种社会本体论，它明确地指出，人类社会的存在是在物质的自然本体论的前提下，由以物质生产为中心的社会实践生成的。社会存在的本质和方式都是实践的，因而全面表现了人与自然、人与他人、人与自身的关系，全面地包含了主体与客体、主体与主体、客体与客体的关系，全面地涵盖了感性与理性、必然与自由、内容与形式的关系。所以，实践本体论是唯物论的、生成论的、关系论的、辩证论的社会本体论，也就是我们一般所谓的历史唯物主义。

对于马克思主义哲学的本体论问题，我国哲学界一直存在着误解和曲解。长期以来，有人秉承俄苏"正统马克思主义"的观点，认为马克思主义哲学根本没有本体论，本体论是马克思主义哲学以前的唯心主义哲学和旧唯物主义哲学的形而上学观点。在美学界持这种观点的主要代表人物是美学家蔡仪先生。我曾经在《荆州师专学报》（哲学社会科学版）1990年第3期发表《必须澄清美学研究的哲学基础——与蔡仪先生商榷》一文，对这种观点进行了澄清和辨明。新时期以来关于马克思主义的实践唯物主义及其本体论一直存在分歧，有人以物质一元论的本体论来否定马克思主义哲学的实践本体论，其观点和论证方法与董学文、金永兵等著的《中国当代文学理论（1978—2008）》基本上是一样的。首先是否定马克思主义哲学是实践唯物主义。其实，马克思、恩格斯在《德意志意识形态》之中所说的"实践的唯物主义者，即共产主义者"[①]，就完全可以证实马克思主义哲学就是实践唯物主义。其逻辑非常清楚：既然共产主义者就是实践唯物主义者，那么共产主义的哲学就只能是实践唯物主义。这难道还需要马克思、恩格斯反复说明吗？其次，就是把实践唯物主义归结为实践一元论，与物质一元论对立起来，宣布实践唯物主义不是马克思主义哲学。这也是一种似是而非的观点和论证。实际上，实践唯物主义是在唯物主义的物质一元论的基础上发展起来的，而且也没有抛弃物质一元论的前提和基础。马克思主义创始人的实践范畴之中就包含着物质存在的前提和基础，实践不能没有物质存在（包括物质世界和人的身体存在）。但是，问题在于物质存在本身并不能自然而然地产生出人和人类社会，人和人类社会只能在物质生产的实践过程之中生成。因此，人和人类社会的存在只能以实践唯物主义的实践本体论来说明。这就是实践唯物主义及其实践本体

---

① 马克思、恩格斯：《德意志意识形态》，载《马克思恩格斯选集》第一卷，人民出版社1972年版，第48页。

论区别于一切旧唯物主义哲学的根本之所在。所以，列宁才指出："一般唯物主义认为客观真实的存在（物质）不依赖于人类的意识、感觉、经验等等。历史唯物主义认为社会存在不依赖于人类的社会意识。在这两种场合下，意识都不过是存在的反映，至多也只是存在的近似正确的（恰当的、十分确切的）反映。在这个由一整块钢铁铸成的马克思主义哲学中，决不可去掉任何一个基本前提、任何一个重要部分，不然就会离开客观真理，就会落入资产阶级反动谬论的怀抱。""因此，马克思和恩格斯在他们的著作中特别强调的是**辩证**唯物主义，而不是辩证**唯物主义**，特别坚持的是**历史**唯物主义，而不是历史**唯物主义**。"[①]那么，马克思主义哲学，不是辩证**唯物主义**和历史**唯物主义**，而是**辩证**唯物主义和**历史**唯物主义，也就是说：马克思主义的现代唯物主义，并不是庸俗的、单纯物质的唯物主义，而是实践唯物主义，即辩证唯物主义和历史唯物主义的"一整块钢铁铸成的"。再次，就是对自然本体论和社会本体论的区分进行曲解，把它歪曲为所谓马克思主义理论中的"人学空场"观点。前述列宁的论述就已经对此论调做了很好的驳斥，毋庸赘言。最后，董学文等以物质一元论否定了实践本体论，并判定实践本体论为唯心主义，这种误解和曲解也是显而易见的。如列宁所说，马克思和恩格斯特别强调了辩证唯物主义和历史唯物主义，那么，实践唯物主义的实践本体论怎么会不包括物质一元论呢？实践本体论怎么就会成为唯心主义呢？真是匪夷所思！这只能说明董学文等人的物质一元论还停留在旧唯物主义哲学的水平上。而且，他们不

---

① 列宁：《唯物主义和经验批判主义》，载《列宁选集》第二卷，人民出版社1972年版，第332—333、336页。

过是重复了新时期中国哲学界反对实践本体论那一派的说法，并没有一点点新的东西。这种以反对实践本体论的一家之言来判定实践唯物主义的实践本体论为唯心主义的做法，实质上仍然是一种唯我独尊、唯我独左的旧的学风，不利于"百花齐放，百家争鸣"方针的实行，更不利于马克思主义哲学和美学的发展。

（二）实践本体论从关系本体论看文学

实践美学以实践本体论为自己的本体论基础，使得实践美学推进到新的发展阶段。实践是一种关系性哲学范畴，它超越了传统哲学和美学的形而上学视野，消解了主体和客体二元对立的思维模式，在主体和客体、主体和主体、客体和客体的相互关系之中探讨美的存在本原和存在方式，使得美学成为关于人对现实审美关系的科学，从而在人对现实的审美关系之中来把握美和审美。正因为如此，实践美学以实践本体论为基础来研究美学，就必然要把美学规定为以艺术为中心研究人对现实的审美关系的科学，也就必然要在以物质生产为中心的社会实践之中，唯物地、生成地、关系地、辩证地研究美和审美，从主客体间性、主体间性、客体间性等来研究美和审美。从这样的哲学、美学观点出发，文学本体论同样应该是一种社会本体论、关系本体论：文学的本原和存在方式离不开以物质生产为中心包括精神生产、话语生产的社会实践。

简而言之，实践是人类的有目的、有意识的对象化的感性活动，是一个自然的"人化"与人的自然化（人的"人化"）相统一的过程，是人类超越自然和自我超越的生存方式，是人类确证自己的本质力量的活动。实践在某种宽泛的意义上可以说就是人的现实活动，一般与人的意识过程、理论活动相对而言。由此，我们可以把实践从具体表现形式上分为物质生产、精神生产、话语实践（话语生产），从发展程度上分为获取性实践、创造性实践、自由（创造）性实践。这三类实践都是既有主客体间性的，又有主体间性的，还有客体间性的。物质生产当然主要是主客体间性的，但是，物质生产是必须在一定的社会关系之中才能进行的，所以它必然又是主体间性的，它还要改变外在对象及其关系，所以也是客体间性的；精神生产虽然主要是客体间性的，但是，精神生产也离不开物质性的符号表现，即宗教仪式、艺术作品、科学理论、伦理规定等，所以它必然又是主客体间性的，同时，精神生产还有创造者和接受者之间的关系，所以它也是主体间性的；话语实践尽管是主体间性最强的，但是话语实践无论如何也离不开语言符号这个客体，而且话语的对象在一定意义上也就是言说者的客体，所以它必然也是主客体间性和客体间性的。所以，实践美学并不是一种纯主体性的美学，也不是一种唯主体间性的美学，而是一种全方位的关系性的美学，这正是由实践的概念所规定的。

正因为如此，王朝闻先生就主张：美学是一种关系学。王朝闻在《艺术的创作与欣赏》之中说："美学的对象到底是什么？在某种意义上，把美学说成是一种关系学可以不？比如美与美感的关系，如果离开美感，光说美是客观的存在，不以人的意志为转移，……这就很难把它讲得令人信服。"[1]蒋孔阳先生在《美学研究的对象、范围和任务》之中就更加明确

---

① 王朝闻：《艺术的创作与欣赏》，载全国高等院校美学研究会、北京师范大学哲学系合编：《美学讲演集》，北京师范大学出版社1981年版，第286页。

地指出："美学研究的根本问题是什么呢？我们说，这就是人对现实的审美关系。"并且给美学下了一个定义："美学是以艺术作为中心，并主要通过艺术来研究人对现实的审美关系以及在这一关系中所产生和形成的审美意识的一门科学。"①新实践美学也认为："美学研究人对现实的审美关系，而以艺术为中心对象。"②"美学是以艺术为中心研究人对现实的审美关系的科学。"③这是新实践美学以实践唯物主义的实践本体论为基础的必然结论。

从实践美学的观点来看文学本体论，必然的结论就是：文学的本原和存在方式根源于以物质生产为中心包括精神生产和话语生产的社会实践。从马克思主义的实践美学来看，以生产劳动为中心的人类社会实践是文学艺术的根源。这是因为，首先，生产劳动是人类的产生根源。马克思主义的创始人对此早有精辟的论述和分析。在马克思的《1844年经济学哲学手稿》《关于费尔巴哈的提纲》《资本论》、恩格斯的《反杜林论》《自然辩证法》等著作中，尤其是在恩格斯的《劳动在从猿到人转变过程中的作用》中，关于人通过劳动自我生成有着大量的论述和分析，而且已经成为马克思主义实践唯物主义（辩证唯物主义和历史唯物主义）的基本常识，在此不必赘述。劳动生成了人类，这也是人类学的定论。人类学家和考古学家在人类的史前遗迹中发掘出了不计其数的旧石器时代和新石器时代的

---

① 蒋孔阳：《美学研究的对象、范围和任务》，载《蒋孔阳美学艺术论集》，江西人民出版社1988年版，第31、39页。

② 张玉能：《美学要义》，华中师范大学出版社1990年版，第17页。

③ 张玉能主编：《美学教程》，华中师范大学出版社2002年版，第13页。

各种各样的劳动工具，这些石制的劳动工具（石器）以及相应时期的人类化石都确实地证明了，人类正是通过劳动才逐步地脱离动物界，由类人猿转变为人，并且由半猿半人、直立人、早期智人逐步成为现代人。这在今天已经成为人所共知的常识，似乎也毋庸赘述。没有在社会实践中生成的人，哪里会有文学艺术？其次，人类的审美需要也是在劳动中生成的。根据美国人本主义心理学家马斯洛的"需要层次理论"，人的需要可以大体分为七个层次：1. 生理需要（食、性等）；2. 安全需要；3. 归属需要（爱的需要）；4. 尊重需要；5. 认知需要；6. 审美需要；7. 自我实现需要（道德需要）。这些需要是逐级上升的，下面一级的需要得到满足以后才可能产生上面一级的需要。从中可以看到，审美需要是人类的高级需要，它与认知需要和道德需要组成了人的精神需要，这些精神需要必须以物质需要为基础。因此，马斯洛把前四种需要叫作"缺失性需要"，即人类必不可少的物质需要，它直接关系到人的肉体生存；而把后三种需要叫作"发展性需要"，即使人进一步发展的精神需要，它使人成为真正意义上的人，不断开辟着人类的未来。马斯洛的这些分析，尽管有些机械，但是总体上还是合乎事实的。因此，一般说来，人首先必须吃、喝、住、穿，即满足自己的缺失性需要——物质需要，才可能产生更高级的发展性需要——精神需要（认知需要、审美需要、道德需要）。所以，人的审美需要是在物质需要得到满足以后才产生出来的。那么，人的物质需要怎样才能得到满足呢？唯有劳动！这一必然的推论就是：在劳动中人的物质需要得到满足以后才可能产生人的审美需要，因此也可以说，人的审美需要生成于劳动之中。有了人的审美需要也才可能生成文学艺术。再次，人的审美器官同样是在劳动实践中逐步生成的。人们为了生存首先要运用自己的一切器官去认识和改造世界，因此人的感觉器官首先是认识器官，去把握事物的各种性质，以满足自己的物质需要，然后才可能超越物质需要以满足自己的精神需要。这个超越的过程也就是一个以劳动为中心的实践过程，在这个过程中，人的感觉器官也就不仅可以把握事物的满足人的物质需要的各种性质，而且逐步地可以把握事物的满足人的精神需要的性质，这些感觉器官也就在实践之中转化为审美器官，即能够把握事物的审美性质的感觉器官，具体说来，也就是马克思在《1844年经济学哲学手稿》中所说的感受音乐的耳朵、感受形式美的眼睛。简言之，那些能成为人的享受的感觉即确证自己是人的本质力量的感觉，只是由于人的本质的客观地展开的丰富性，即由于人的实践过程（人的历史过程），才或者发展起来，或者产生出来。人的"五官感觉的形成是以往全部世界历史的产物"[1]，没有产生于社会实践中的审美器官，也就不会有文学艺术。因此，文学艺术的本原是离不开在物质生产、精神生产、话语生产的社会实践中生成的人类的审美需要和审美器官的。至于文学艺术的存在方式同样如此。如果没有物质生产、精神生产和话语生产所生成的人类对对象世界的审美关系，那么，人类的审美意识（包括审美认识、审美情感、审美意志），人类进行交流的符号、语言、话语，文学艺术所反映的对象世界的形象化存在，文学艺术所表现的审美认识、审美情感、审美意志等的意象化存在，文学艺术直接显现出来的符号、语言、话语的文本存在，怎么可能产生出来呢？文学

---

[1] 马克思：《1844年经济学哲学手稿》，载《马克思恩格斯全集》第四十二卷，人民出版社1979年版，第126页。

这种语言艺术又怎么能够把对象世界、审美意识（包括作家和读者的审美意识）、文学作品的文本存在统一为文学的本体（存在）呢？它们似乎绝对不可能在抽象的"物质"之中统一一成为文学存在（本体），这应该是不言而喻的不争事实吧。文学的存在（本体）绝对不可能是一堆抽象的"物质"，它们只能在现实的物质存在的基础上在社会实践（包括作家和读者的审美活动在内的物质生产、精神生产、话语生产）之中统一一成为文学存在（本体）。文学的存在方式只能是主客体之间关系、主体之间关系、客体之间关系在社会实践之中统一一成为一个表征审美关系的文学存在整体的。董学文等人的物质一元论的文学本体论，从旧的形而上学的唯物主义实体本体论来观照审视文学艺术，只能是一种机械唯物主义、直观唯物主义的文学本体论，根本无法解释和实际实现复杂的、多元的、开放的文学存在方式。

（三）实践本体论的文学本体论

新实践美学的实践本体论对马克思主义的实践美学及其实践范畴进行了深入的开掘，在坚持马克思主义基本原理的前提下发展马克思主义实践美学，就能够具体地解释和实际实现文学的本原和存在方式。从存在的本原来看，文学的根源是物质生产及其转化成的精神生产和话语生产；从存在的构成方式来看，文学主要是一种精神生产和话语生产的过程；从存在的现实方式来看，文学是精神生产和话语生产的结晶——审美意识形态——的话语存在。

所谓存在的本原问题，源于人类寻根究底和自我实现的天性或需要。

它要探究的是宇宙之内的万事万物的原初根基（始基），根本起源（本源），根本原由（本原）。一般说来，对存在的本原问题的探究形成了发生学、考古学、谱系学。在人类的古代，发生学成为人们研究万事万物的来源的学问，人们希望找到所有事物的原初的根基和根本的起源，即某一种实实在在的东西（实体），从而形成了所谓的形而上学：物理学之后的学问，即所谓的实体本体论。但是，古代形而上学的玄而又玄的思辨，最终没有探寻到这个发生学的始基和本源。人们开始怀疑这种实体本体的存在，希望找到其认识论根源，于是产生了"认识论转向"，以认识论问题来代替本体论问题，先解决人的认识能力问题，再去探寻本体论问题。笛卡尔的"我思故我在"的命题就是这种"认识论转向"的表征。在这种背景下，随着科学技术的发展，关于本原的问题形成了考古学，以人们的认识所能把握的历史遗迹作为探讨事物的始基、本源、本原的依据。这种哲学考古学后来发展成为自然科学的实证科学，仍然不能解决事物的原初根基、根本起源、根本原由问题，而只能够达到某一个具体的根基、起源、原由，于是，人们希望通过对某一事物的根基、起源、原由的前后相续的探寻，最后达到原初根基、根本起源、根本原由，于是谱系学在20世纪兴盛起来，特别是经过了尼采和福柯的阐释和论述，作为历史（社会）本体论的谱系学代替了形而上学的发生学和认识论的考古学，成为一种行之有效的社会本体论或人类本体论。我们认为，形而上学的发生学和认识论的考古学有其存在的理由，但是实在是一种劳而无功、玄妙幽深的研讨，因此只可能有一个大体上合理的极限悬设在那里，然后以一种谱系学的探讨逐步接近它，在一系列的关系，诸如主客体关系、主体间关系、客体间关系、人与自然的关系、人与社会的关系、人与自身的关系等之中来逐步推进对相对真理的探究，以不断接近这个绝对真理的极限。

新实践美学遵循这样的谱系学的实践本体论的策略，来探讨文学的本原。我们认为，作为社会存在和关系存在的文学艺术，其原初根基、根本起源、根本原由，只能是以物质生产为中心包括精神生产和话语生产的社会实践整体。然而，在社会实践特别是物质生产与文学艺术的现实存在之间，尤其是与纯粹的文学艺术的现实存在之间，还有一系列中间环节，即一些具体的根基、起源、原由，它们组成了文学艺术现实存在的一个共时性和历时性相统一的谱系。这个谱系反映在世界文学理论关于文学艺术起源的不同观点理论之中。目前在世界上比较流行的艺术起源论主要有：模仿说（亚里士多德），游戏说（席勒），生物进化说（达尔文），劳动说（普列汉诺夫），本能升华说（弗洛伊德），巫术说（雷纳克）。从实践本体论的谱系学的观点来看，这些关于艺术起源的观点理论，大致上涵盖了文学存在本原的谱系学要点。我们认为，从实践本体论来看，文学本体的谱系学的六大要点可以分为两类：一类是关于文学发生学的，包括劳动说、生物进化说、本能升华说；另一类是关于文学考古学的，包括模仿说、游戏说、巫术说。从文学发生学来看，如前所述，物质生产劳动似乎可以归为文学艺术的原初根基、根本起源、根本原由，因为没有物质生产劳动，人类本身、人类的审美需要和审美器官都不可能生成，文学艺术当然也不可能生成。而生物进化和本能升华应该是物质生产劳动生成文学艺术的生物学和人类学前提条件，而且按照实践本体论的观点，物质生产包括物质产品（生活资料和生产资料）的生产和人自身的生产，因此，生物进化和本能升华可以蕴含于物质生产劳动之中。这样，我们就可以把物质生产劳动作为文学发生学的极限或终极真理悬设着。从文学考古学来看，模仿、游戏、巫术则是人类社会实践从物质生产劳动转化为精神生产和话语生产的中介要素，也是从一般的物质生产、精神生产和话语生产逐步转化为比较纯粹的文学艺术生产的中介要素。正是它们使得物质生产劳动逐步转化为"按照美的规律来建造"的物质生产，并进一步发展成为"按照美的规律来建造"的精神生产和话语生产，使得一般的物质生产、精神生产和话语生产脱离单纯物质性的、功利性的、现实性的实践活动，逐步成为"实践—精神"的把握世界的方式，超功利性的和超现实性的物质生产（建筑、工艺美术、雕刻、摄影、电影、电视等）、精神生产和话语生产（音乐、舞蹈、文学、戏剧、书法等）。同时，艺术史的事实也昭示我们：模仿、游戏、巫术，一开始都是与物质生产劳动紧密相连的。比如，原始狩猎活动之中狩猎者模仿飞禽走兽的形体、声音、情状以提高狩猎的功效，并在业余时间把模仿活动作为一种游戏来进行训练、预演和言传身教，也作为一种巫术活动来达到狩猎活动的预定目的和增加成功概率。与此同时，人的观察力、想象力、表现力、创造力等本质力量也在模仿、游戏、巫术等活动中得到了锻炼和提高，为一般的物质生产、精神生产和话语生产逐步转化为比较纯粹的文学艺术生产，准备和积累了主体和客体的、物质和精神的条件。这是一个渐进的量变到质变的动态演进过程，也是一个永远不会完结的历史进程。这个过程离单纯的物质生产、精神生产和话语生产越远，我们距文学本原的真理就越近。但是，对于文学本原来说，物质生产劳动却是一个永远无法超越的极限或终极真理。因为离开了物质生产劳动，就没有人的生成，也就没有产生文学艺术的主客观的、物质和精神的前提条件。

　　所谓存在的构成方式问题，对于文学存在而言，就是指文学存在作为社会存在和关系存在，在社会实践中如何构成和构成什么的问题。按照实践唯物主义的实践本体论，人本身及人类社会是在社会实践中生成的，而文学艺术的存在既是社会存在和关系存在，又在社会存在和关系存在的整体之中。从静态的构成来看，实践唯物主义把社会存在的构成划分为三个层次：经济基础，上层建筑，意识形态。而文学艺术的存在就是一种意识形态，不过它不同于认知性的科学、伦理性的政治和道德、虚幻性的宗教，它是一种审美性的意识形态。因此，从静态构成来看，文学艺术是一种审美意识形态；从动态构成来看，文学艺术的存在是一个"物质生产——精神生产——话语生产"的演化过程。从比较一般的文学艺术生产过程来看，文艺理论研究所谓的"观察感受——构思——表达"的过程就是一个以精神生产和话语生产为主，也包含着一定程度物质生产的过程。我们可以把从观察感受到构思的过程主要视为精神生产的过程，而把表达过程主要视为话语生产的过程，而许多艺术生产本身就是一种物质生产，像建筑、雕刻、工艺美术，一些偏向于精神生产和话语生产的艺术生产，像音乐、舞蹈、戏剧、文学、书法等，也在一定程度上进行着物质生产，比如音乐的演奏、舞蹈和戏剧的身体表演、解衣盘礴的书法创作、泼墨写意的中国画、涂抹挥洒的油画创作等，至少带有物质生产的成分和要素之一体力劳动。从对象世界，经过艺术家的审美构思到艺术作品的产生，这个过程理应被视为一种社会实践活动，一种以精神生产和话语生产为主，也包含着某种程度的物质生产的社会实践活动。它也是主体和客体之间、主体和主体之间、客体和客体之间相互作用、互相对话交流的社会实践活动。文学艺术的构成就是这样一种静态和动态相统一的审美意识形态的社会实践活动。

所谓现实的存在方式，指的是一个存在物在现实中所显现出来的状态和呈现的方法。从实践唯物主义的实践本体论来看，文学艺术的现实的存在方式也主要是精神生产和话语生产的产物。任何文学艺术的存在都不可能离开文学艺术作品，而文学艺术作品主要就是精神生产和话语生产所形成的某种符号存在形式，也就是某种能够生成意义的符号、语言、话语的表征形式。文学离不开语言符号和话语表达，音乐离不开按照一定规律组成的音乐形式，舞蹈离不开具有特殊内涵的人体动态显现形式，戏剧离不开一定时间和空间中的人的各种富有意义的表演符号形式，绘画离不开线条、色彩、构图等所形成的符号表征形式，书法离不开表达某种思想感情的点、线、笔画等文字符号形式……这些形形色色的符号、语言、话语所构成的意义存在整体就是所谓的文本，它们是文学艺术的直接显现出来的存在方式，也就是一种文学艺术的现实存在方式。这种文学艺术的现实存在方式，是作为特殊的艺术生产生成的，即马克思在《1844年经济学哲学手稿》之中所说的"受生产的普遍规律的支配"[①]而生产出来的。看起来文学艺术作品的这种现实存在方式是一种静态的显现形式，但是，它是艺术生产的动态过程的结果。马克思在《资本论》中说："可见，在劳动

[①] 马克思：《1844年经济学哲学手稿》，载《马克思恩格斯全集》第四十二卷，人民出版社1979年版，第121页。

过程中，人的活动借助劳动资料使劳动对象发生预定的变化。过程消失在产品中。它的产品是使用价值，是经过形式变化而适合人的需要的自然物质。劳动与劳动对象结合在一起。劳动对象化了，而对象被加工了。在劳动者方面曾以动的形式表现出来的东西，现在在产品方面作为静的属性，以存在的形式表现出来。劳动者纺纱，产品就是纺成品。"[1]因此，作为特殊生产的文学艺术同样以静的属性的文学艺术作品的存在形式表现出来，不过文学艺术作品却是文学艺术生产的对象化，所以，文学艺术的现实存在方式本质上仍然是社会实践的，不过，它是一种适合人的审美需要的现实存在，因而，可以说主要是精神生产和话语生产的结晶——审美意识形态——的话语存在或者文本存在。

　　以上我们从实践唯物主义的实践本体论的角度论述了文学本体论问题。尽管我们认为实践本体论的文学本体论具有元方法论的意义，但是，我们认为，文学本体论问题可以从多角度、多层次、多层累进行开放性的探讨，而且，实践本体论的文学本体论并没有封闭或结束对真理的探索，而是在不断接近终极真理的极限的途中。

---

　　① 　马克思：《资本论》，载《马克思恩格斯选集》第二卷，人民出版社1995年版，第180页。

第二章　新实践美学的发展

一、重树实践美学的话语威信

20世纪90年代以来，中国美学界掀起了一股要求超越实践美学，走向后实践美学时代的热潮。一时间，各种批评实践美学、宣布实践美学为古典形态以及泛美学的言论不断出现，在批评的同时又声称建立了超越美学、生命美学、生存美学等后实践美学。

这种态势本来是一种学术繁荣、思想活跃、思维多元的鼓舞人心的现象，不过，由于对实践美学的发展把握不准，对于实践美学的一些基本范畴也并未真正了解，他们主要凭一种主观热情和宏观扫描的粗疏理解，就轻易地做出了一些并不准确的判断，急匆匆地宣布了一些并不新鲜的设想。

从实践美学的实际发展状况来看，目前国内实践美学的主要代表并不是李泽厚，而是在几所高等院校中的一些资深美学家及其所开创的学派。比如，以蒋孔阳为代表的复旦大学学派，以刘纲纪为代表的武汉大学学派，以周来祥为代表的山东大学学派。真正继续一贯地坚持和发展实践美学的主要就是他们，尽管他们具体的美学观点并不完全一致，但他们坚持以马克思主义实践观点为指导的基础来研究美学问题，却是完全一致的。蒋孔阳在这个指导的基础之下提出了"美是多层累的突创""美在创造中"，刘纲纪提出了"美是自由的感性显现"，周来祥提出了"美是和谐""美是辩证发展的和谐"。此外，像以童庆炳为代表的北师大学派所主张的艺术是审美意识形态的观点，以聂振斌、滕守尧为代表的"审美文化派"关于"艺术化生存"和"审美化生存"的观点，都与实践美学有着各种各样的联系。至于其他各个高等院校中自编或统编的美学教材，据我所知也大多以实践美学为主导，也或多或少在学术渊源上与上述各个资深美学家和学派有着千丝万缕的联系，像劳承万主编的《现代美学原理纲要》、李戎主编的《美学概论》、齐大卫编著的《美学引论新编》等等。

可是，之前对实践美学进行批评和力图超越的一些学者，却仍然抓住实践美学的早期代表人物，至多到80年代初的代表人物李泽厚。李泽厚从20世纪50—60年代开始参加全国美学讨论，以年轻学者姿态脱颖而出，成为当时中国美学四大派（客观派、主观派、主客观统一派、客观性与社会性统一派）之一的客观性与社会性统一派的主要代表人物，并且在70年代末到80年代初比较完整地表述了他的实践观美学。但是，也就在这同时，从《美学四讲》（1989）比较系统的表述来看，李泽厚由于受康德主体性哲学的深入骨髓的影响，对于马克思主义哲学产生了所谓"人类学本体论"的不准确概括，实际上逐步在产生偏离实践而走向主体心灵（心理结构）的趋势，并且最后提出了"情感本体论"。应该说，从提出系统的情感本体论开始，李泽厚就已经走出了实践美学的范围，更无力代表实践美学的主流方向了。然而质疑实践美学者仍然以李泽厚为靶子，当然只能是一种无的放矢或者目标不明的论辩。其实，李泽厚在90年代以后，尤其是移居国外以后，基本上很少系统地涉及美学，而多半关心着中国思想史和政治史，其美学观点几乎仍然停留在《美学四讲》的主要观点和水平上。

因此，真正要质疑实践美学，就必须找来90年代出版的蒋孔阳的《美学新论》、刘纲纪的《传统文化、哲学与美学》、周来祥的《再论美是和谐》等著作，也才能真正地了解实践美学的最新发展动态。不然的话，任何辩驳都将是错位的，无针对性的。

正因为如此，我们从实践美学在中国的产生、发展、变化的主要状况中，应该得出的结论，并不是急匆匆地超越它，而是在梳理实践美学的发展轨迹的基础之上，真正发挥出它的生命力，重树实践美学的话语威信。当然，与此同时也应该反对那种话语霸权主义的旧习气，让实践美学进一步发展和完善下去，成为中国当代美学发展中一股活水和一道激流，为共同建设有中国特色的当代美学做出贡献。

我们之所以认为实践美学还有着强大的生命力，有着巨大的发展潜力，还因为我们看到，关于实践美学的基础（实践观点、实践唯物主义）这样至关重要的问题，也还刚刚经历了拨乱反正、正本清源、全面系统阐述的过程，还有许多事情可以做，也需要花大力气才可能得到一点有益的理论收获。点点滴滴的积累才可能在恢复实践美学的实践观点、实践唯物主义的哲学基础之上，进一步推进实践美学的发展和完善。

实践，是马克思主义哲学（实践唯物主义）的最基本范畴。可是，我们以前在苏联模式的"正统马克思主义"的影响下，违背了辩证法，对实践也采取了形而上学的态度，看不到实践的含义以及结构的多层累性和开放性，而从马克思、恩格斯、列宁、斯大林等马克思主义经典作家们的著作中寻章摘句，进行"注经式"的阐释（不论是"我注六经"还是"六经注我"），得出一些看似确定不移、一成不变的概念、定义，实际上却把实践的含义和结构给简单化、封闭化了。

据我初步研讨，实践是一个多层累、开放的概念，它至少包含这三个层累：物质交换层、意识作用层、价值评估层。而这三个层累又分别包含自己的内在系统。物质交换层包含三个系统：工具操作系统、语言符号系统、社会关系系统。意识作用层包含三个系统：无意识系统（需要冲动系统）、潜意识系统（目的建构系统）、意识系统（情感中介系统）。价值评估层也包含三个系统：合规律评估系统、合目的评估系统、合规律和合目的相统一的评估系统。这三个层累和各自的子系统组成了实践的结构，并且相互作用，交错运动构成了人的社会实践，其基本形式是物质生产，还包括精神生产和社会斗争。它是主体与客体的双向对象化活动，既是物质资料和体力结合的活动，是感性、物质的活动，又是有目的的、渗透着观念形态和意识活动的脑力与体力相结合的改造自然的活动，还是一个不断评估活动本身及其结果以调节整个过程，运用规律性来达到人的目的的自由自觉的有意识的活动。

正是实践的这些含义和结构决定了美学问题的特征，尤其决定了美的特征。

实践的工具操作系统，作用于劳动或活动的对象，改变了对象的外观形式，使其不但可以为人的实用目的和物质需要服务，而且能产生使人产生审美快感的外观形式，因而这就决定了美的外观形式性。

实践的语言符号系统，使得对象的外观形式的改造不仅可以直接在实物上进行，而且还可以通过感觉器官和符号化、语言处理来进行，这样的实践就更加自由，也可以通过对语言符号的感觉，更加全面、自由地展开，并且最终可以用符号化、语言化的外观形式来代替实体的外观形式，从而使人能在实践中更好地通过感觉器官全面肯定自己的本质力量，也突出了对象的可感性，这就决定了美的感性可感性。

实践的社会关系系统，直接决定了人的生产虽然是以个体的方式进行的，但是它的对象、工具、手段、结果等等都脱离不了社会中的人与人的关系，即社会关系。而社会关系的经济关系和意识形态关系对于人的实践会产生根本性影响，因而对象的外观形式就会在实践中与经济关系和意识形态关系产生间接的、理性才可以理解的象征性含义，这就决定了美的理性象征性。

实践的需要冲动系统，决定了实践活动本身的具体展开，由于需要分为物质性、缺失性需要（生理需要、安全需要、归属需要或爱的需要、尊重需要）和精神性、丰富性需要（认知需要、审美需要、道德需要或自我实现需要），因而实践活动也会有不同性质，而审美需要是一种精神性需要，它所引发的审美活动就必然是一种精神性活动，或者说是超越或扬弃了生理性需要的精神性活动。这就决定了美的精神内涵性。当然，这种美的精神内涵性与美的理性象征性也有千丝万缕的联系。

实践的目的建构系统，使得实践活动在"需要——动机——目的"的运动之中建构起一定的目的，并以实现这种目的为指归。审美需要决定了审美目的，是要超越或扬弃实用目的、认知目的以及伦理目的的急功近利方面的，因而，对审美目的的建构所展开的审美实践也就超越或扬弃了一切直接的实用功利目的。这就决定了美的超越功利性。

实践的情感中介系统，当然是从实践的意识系统中发展起来的。人的意识系统包含认识（知）、感情（情）、意志（意）的心理活动，它们三者分别对应着科学、审美（艺术）和伦理（道德、政治等）三大领域实践。因此，审美实践中情感（与审美需要相关的精神性感情）是最为充分的心理活动，情感还通过自己的驱动、定向、弥散的功能，成为从认识过渡到意志的中间环节，最终审美活动表现出充满情感的特征，这种实践活动的审美情感的中介性就决定了美的情感中介性。

实践的合规律评估系统，使得实践活动向着合乎自然、社会等的必然规律方向调节、控制，从而保证其成功。这就决定了美的合规律性，即美的创造及其对象化的美一定要合乎规律性。即使有些违反规律的事物，如三寸金莲、束胸勒腰、穿鼻刺嘴等，在特殊的条件下也可能形成"美"（畸形"美"），然而在实践的发展中终会因其不合规律性而被淘汰或修正。

实践的合目的评估系统，使得实践能朝合乎人的各种目的的方向展开，从而达到实践有利于人的生存和发展的本质。这就决定了实践的合目的性，在实践的发展过程中，它又决定了美的合目的性。

实践的合规律和合目的相统一的评估系统，使得人的实践活动真正能够运用规律来实现人的一定目的，从而达到一定的自由，这种自由以外观形象显现出来就成了美的属性和价值。这就又决定了美的自由显现性。

或者我们可以更简括地说，实践的物质交换层决定了美的外观形象性（包括外观形式性、感性可感性、理性象征性），实践的意识作用层决定了美的情感超越性（包括精神内涵性、超越功利性、情感中介性），实践的价值评估层决定了美的自由显现性（包括合规律性、合目的性、自由性）。因此，我们可以给美做这样一个界定：美是显现人类自由的形象的肯定价值。

我们发现，不仅实践范畴需要不断深入研究，而且实践美学的哲学基础——实践唯物主义，在我国目前也未得到全面系统科学的阐释和建构。哲学界先是争论实践唯物主义的合法地位，80年代以后有了一个比较共通的结论：马克思主义哲学是现代的唯物主义，即实践唯物主义。然而，至今对于实践唯物主义的具体组成部分，特别是对于实践本体论，都存在着不同理解。因此，要想真正推进实践美学的发展和丰富，首先应该把实践唯物主义哲学研究明白，既"回到马克思"，又适应现代和后现代的变化和提问。

我认为，实践唯物主义应该包含这样三个基本部分：实践本体论、实践认识论、实践辩证法。

实践唯物主义是现代哲学发展的必然趋势的结晶。众所周知，古希腊罗马时代，世界哲学尤其是西方哲学盛行的是自然（宇宙）本体论，集中探讨自然（宇宙）的本原和本体。但是这些探讨，特别是中世纪的神学探究，使人陷入神秘主义，并且感到人的认识能力能否探明自然（宇宙）的本原，才是首先必须解决的问题。因此，转而集中研究人的认识和认识能力，产生了所谓"认识论转向"。这种"认识论转向"以笛卡尔的"我思故我在"为标志，一直到康德的批判哲学才算告一段落。对认识论的研究使哲学家们感到还是要研究认识的依据——人及其社会。因此，从叔本华、尼采开始，为了研究人的认识还得研究人和社会的本原是什么，因而产生了人学本体论或叫社会本体论的转向。正是在这种由认识论转向人学本体论（社会本体论）的过程中，马克思主义的实践唯物主义诞生了。

实践唯物主义拒斥以黑格尔为代表的绝对唯心主义的形而上学，从物质本体论的一般唯物主义前提出发，寻找到了人的最根本的生存和存在的依据——实践，以物质生产为中心的社会实践，认为人的存在和社会的存在，是以物质生产为中心的社会实践的产物，是人和社会的本原和本体，从而建构起了现代唯物主义，即实践唯物主义，或者人们所说的历史唯物主义。实践唯物主义认为，以物质生产为中心的社会实践，是人和社会的存在之根。在社会实践中，自然界被改造为与人关系密切的、能确证人的本质力量的"人化"自然，人也被改造为脱离动物本能的"人化"的人，这种"人化"的人与"人化"自然之间在实践中不仅构成实用关系、认知关系、伦理关系，而且构成审美关系，即对象能满足人的审美需要，而人也能使对象满足人的审美需要的特殊关系。这种关系是人的实践达到一定自由程度的产物。这种审美关系及其自由体现在人的主体身上就成为美感，即人在他自己所创造的世界中直观到自身产生的自由感和精神愉悦，

71

它在对象上体现出来就生成对象的美，即显现了人的特定实践自由的形象的肯定价值。而艺术创造和艺术作品则是这种审美关系的意识形态的成果。因此，实践唯物主义把美、审美和艺术当作实践的产物合乎逻辑和合乎事实地显示出来了，是对美学问题的解答的哲学基础。

实践认识论从实践本体论出发，认为人的实践是人的认识的唯一源泉，人的认识过程是一个从实践出发，经过感性认识到知性抽象认识再到理性具体认识最后又回到实践的过程，因此，认识是"实践——认识——再实践——再认识"的不断反复的活动过程。而认识真理性的问题，并不是一个理论问题，从根本上说，是一个实践问题。因此，实践也是检验认识的真理性的唯一标准。正是在这种实践认识论的指导下，人类的审美认识也是一种特殊的把握世界的方式，它以"实践—精神"的方式把握世界，从对世界的外观形式的实践改造，经过情感的中介作用（驱动、定向、弥散的作用），达到以感觉的方式全面地在对象世界中肯定自己，在自己所创造的对象世界中直观到自己。这种审美把握世界的方式所形成的意识形态，也就是艺术，因而，艺术也就是审美的意识形态。因此，审美活动和艺术活动（包括创作和欣赏）既是人对世界的能动的、"实践—精神"的、审美的反映（把握），也是人类以审美的方式创造世界的感性显现，是人在自己所创造的对象世界中直观到自身的自我实现和自我肯定的特殊方式。实践认识论使得对审美和艺术活动的理解，由反映的层面深入到实践的创造的层面。

实践的辩证法，既包含揭示自然、社会等存在的客观规律的客观辩证法，也包含揭示人的生存及其思维的主观辩证法，还包含揭示人类社会存在的变化发展规律的历史辩证法。它们一起揭示了整个世界（自然、社会、人的思维）的变化发展规律，而这都离不开人的社会实践。因此，自然、社会和思维的规律，通过人的社会实践成为人可以把握并能够运用来为自己的生存和发展服务的手段，也就是人由必然王国不断向自由王国飞跃的中介。实践的辩证法告诉我们，美、审美和艺术都是人们由必然王国向自由王国飞跃的历史手段，它们自身也都随着历史的变化发展而变化发展，因而，它们既展现了人类的合乎人性、合乎自然规律和社会规律的共同性，也显示了不同时代、不同阶级、不同民族、不同地域的不同个体的具体差异性。这些共同性与差异性的根源都在实践本身之中，也会随着实践而显示出共同性与差异性的辩证关系。因而，美、审美和艺术必定会有合规律和合目的相统一的具有一定自由度的客观标准，即相对的客观标准；也有其随着实践条件不断变易的开放的性质，即没有绝对的标准。因此，美、审美和艺术就一定是恒新恒异的创造。

由此可见，实践唯物主义从自己的理论体系的不同方面，可以合乎逻辑、合乎事实、合乎历史地解释美学和文艺学的千古之谜，且并不封闭这些领域中的真理，还不断开辟通往这些领域中的真理的道路。因此，重建以实践唯物主义为基础的实践美学的话语威信，应该是当务之急，是澄清因社会转型、文化转型、观念转型而必然产生的某些混乱现象的有效措施。

当然，要想重建实践美学的话语威信，还有一个方面不容忽视，那就是，要把实践美学的理论研讨与人们所关心的日常生活中的美学问题以及艺术中亟待解决的美学问题密切结合起来。

美学历来被人视为玄而又玄的玄学，它长期以来封闭在象牙塔内谈玄论道，似乎已被默认为正常。实际上，我国近代以来的美学热的几起几落，都已雄辩地证明，凡是美学可以深入日常生活的时候，美学热就会悄然兴起。20世纪初，梁启超、王国维、蔡元培的美学研究及相应的美学热，中国30—40年代、50—60年代、80年代的美学热，都是由社会上对人的外在美和内在美的追求、社会对美学的实际需要引发和维持的。

从实践美学本身来看，既然从实践观点出发来建构美学体系、研究美学问题，当然就应该充分地关心日常生活中所产生的美学问题，要把这些形而下的问题与形而上的探究联系起来，从小处着眼，从一点一滴的美的创造开始，关心人们的服饰、发型、美容、居室的装点美化的美学问题，关注人们语言、行为、心灵的美的塑造。这样才可能引起人们的实际兴趣，使人感到美学并非象牙塔中的学问，也不是云中的高不可攀的，而是渗透到每个人的一言一行、音容笑貌、穿衣戴帽、饮食起居、待人接物等具体的日常生活之中的。而且对这些人们普遍关心的问题，加以理论的阐释，也会促进整个社会的文明程度的提升。这样美学理论与日常审美形成良性循环，相互促进，才能够使实践美学的话语，成为有实质内涵的交流，而不成为纯粹的空洞的能指的游戏。只有这样，实践美学的话语威信才会实实在在地重建起来，而且有可能持续发展，成为大家需要的话语、可以理解的话语、可以参与对话的话语。

艺术是人对现实的审美关系的集中表现，是美学研究的中心对象。因此，要重建实践美学的话语威信，实践美学也不得不花大力气来关注艺术，关心艺术中的一系列美学问题，研究艺术的生产与艺术的消费、艺术的创造与艺术的接受，艺术中一切可以涉及美学的问题。这也是不言而喻的。

实践美学认为，艺术是人们"实践—精神"的把握世界的方式，是审美的意识形态。因此，我们不能忽视艺术的多方面、多层累的本质，既不能忽视艺术的审美形态，也不能忽视艺术的意识形态性；既不能忽视艺术的美学特征，也不能忽视艺术的政治内涵；既不能忽视艺术的形象思维的特点，也不能忽视艺术的伦理教化功能；既不能把艺术简单地当作政治斗争的工具，也不能把艺术纯粹地归结为无谓的游戏；既要看到艺术的个性特色，又不能把艺术当作私人的宣泄……说起来，这些都应该是实践美学的艺术观的题中应有之义，但是要真正在批评实践中、理论阐述中完全做到符合这些基本原则，那却是十分艰难的。然而，如果实践美学不能解决艺术家、批评家、读者观众（接受者）所面临的这些具体、实际的问题，那人们要这种空头的实践美学又有何益呢？

说起来，也许还有许多问题可以说，比如要重建实践美学的话语威信，还要使实践美学话语可以与当代其他美学流派对话，要能回应后现代、后实践这些相关的美学和艺术的观点以及新人类、另类、新新人类、另另类等所提出的形形色色问题，并且要提出切实可行的解决方案，等等。

实践美学只有重建话语的威信，才有生存和发展的前途。实践美学的信从者们，任重而道远。

二、实践美学：超越传统美学的开放体系

所谓实践美学，简而言之，就是以马克思主义的实践观点为基础的中国当代美学思潮；稍详言之，则是以马克思主义的实践唯物主义为哲学基础，以社会实践（物质生产劳动为其中心）为基点研究人对现实的审美关系的中国当代美学形态和美学思潮。它肇始于20世纪50—60年代的中国美学大讨论，形成于80年代的中国美学热之中，90年代后则处于不断自我完善和自我超越的沉思状态，有些早期代表人物已经悄然易帜，有些曾经信奉鼓吹者从营垒内部冲杀出来，但也有许多人正在孜孜不倦地进行实践美学的深化和完善的研究，形成了一些卓有建树的流派，如以蒋孔阳为代表的复旦大学学派、以刘纲纪为代表的武汉大学学派、以周来祥为代表的山东大学学派、以聂振斌和滕守尧为代表的北京学派等等，这些学派的研究成为建设有中国特色的马克思主义美学潮流中的主潮。当然，它也面临着严峻的挑战，一股要求超越实践美学的后实践美学思潮已经兴起，它包括超越美学、生命美学、体验美学（修辞论美学）、存在论美学等。应该说，这是美学发展的正常现象，也正酝酿着中国当代美学新热潮。因此，作为实践美学的拥护者和研究者，我想首先提醒大家注意，实践美学并不是一种传统的或古典的美学形态，而是一种中国美学的真正当代形态（不仅在时间意义上），是超越传统的或古典的美学的开放体系。

（一）如何评价实践美学？

所有主张应该超越实践美学的学者，对于实践美学都是在肯定了某

些方面以后做了根本性否定的。但是，实事求是地讲，他们的部分肯定和根本否定都是不准确的。他们忘记了，正是马克思主义的实践唯物主义和实践观点给了实践美学超越传统的或古典的美学的巨大潜力，尽管目前实践美学在许多具体环节上还有许多有待深化和完善的地方，但是，它在哲学基础上却是最具当代性和生命力的，足以超越传统和古典美学，也有能力融合中西美学，吸取当代各种美学的精华，形成一个不断自我组织的开放体系。因为实践美学，正如它的哲学基础马克思主义一样，是当代唯一不可超越的体系，它不是结束了真理，而是打开了通往真理的道路。列宁说得很好："在马克思主义里绝没有与'宗派主义'相似的东西，它绝不是离开世界文明发展大道而产生的固步自封、僵化不变的学说。恰巧相反，马克思的全部天才正在于他回答了人类先进思想已经提出的种种问题。"[1]恩格斯也说过："我们的历史观首先是进行研究工作的指南，并不是按照黑格尔学派的方式构造体系的方法。必须重新研究全部历史，必须详细研究各种社会形态存在的条件，然后设法从这些条件中找出相应的政治、私法、美学、哲学、宗教等等的观点。在这方面，到现在为止只做出了很少的一点成绩，因为只有很少的人认真地这样做过。在这方面，我们需要很大的帮助，这个领域无限广阔，谁肯认真地工作，谁就能做出许多成绩，就能超群出众。但是，许多年轻的德国人却不是这样，他们只是用历史唯物主义的套语（一切都可能变成套语）来把自己的相当贫乏的历史知识（经济史还处在襁褓之中呢！）尽速构成体系，于是就自以为非常

---

① 列宁：《马克思主义的三个来源和三个组成部分》，载《列宁选集》第二卷，人民出版社1972年版，第441页。

了不起了。"①因此，严格地说，实践美学正在不断地建构之中，还未到被超越的时候，而且，后实践美学中的任何一个建构体系的逻辑起点（杨春时的生存、潘知常的生命、王一川的体验、张弘的存在等）不仅都不如实践更具超越性和开放性，而且在与马克思主义同时代人那里，在克尔凯郭尔、海德格尔那里，在叔本华、尼采、柏格森、奥伊肯那里，在狄尔泰、伽达默尔那里，在萨特、哈贝马斯那里，都被不那么成功地演绎了一番，而并未能超越马克思主义哲学，即使像后现代主义中最激进的解构主义也不能完全颠覆马克思主义哲学及其实践美学，却只能促使它们更广阔地吸取各种信息负熵，以不断地自我调节和自我组织，随着社会各方面的变化发展，必然地改变自己的形式，开辟新的发展道路。

但是，主张超越实践美学的学者却看不到这个基本事实，在部分肯定和根本否定上都有失偏颇。先看他们的部分肯定。

潘知常说："中国当代美学已经取得了空前的成就。这主要表现在它把实践原则引入认识论，为美学赋予以人类学本体论的基础，并且围绕着'美是人的本质力量的对象化'（'自然的人化'）这一基本的美学命题，在美学的诸多领域，做出了令人耳目一新的开拓。"②这种肯定的偏颇之处在于，第一，它仅仅指出实践原则的局部意义，而有意模糊了实践观点给哲学和美学带来的革命性变革。按照马克思、恩格斯的观点，是否

---

① 恩格斯：《致康·施米特（1890年8月5日）》，载《马克思恩格斯全集》第三十七卷，人民出版社1971年版，第432—433页。

② 潘知常：《实践美学的本体论之误》，《学术月刊》1994年第12期；该文注释中明确指出："因为中国当代美学的主流是实践美学，故本文的'中国当代美学'主要指的是实践美学。"相似的话亦见潘知常：《反美学》，学林出版社1995年版，第235页。

坚持实践的观点，既是马克思主义的实践唯物主义与一切旧唯物主义的根本区别，也是马克思主义的现代唯物主义（历史唯物主义）与一切唯心主义的根本区别。《关于费尔巴哈的提纲》中这样写着："从前的一切唯物主义——包括费尔巴哈的唯物主义——的主要缺点是：对事物、现实、感性，只是从客体的或者直观的形式去理解，而不是把它们当作人的感性活动，当作实践去理解，不是从主观方面去理解。所以，结果竟是这样，和唯物主义相反，唯心主义却发展了能动的方面，但只是抽象地发展了，因为唯心主义当然是不知道真正现实的、感性的活动本身的。"[1]《德意志意识形态》中说："……实际上和对实践的唯物主义者，即共产主义者说来，全部问题都在于使现存世界革命化，实际地反对和改变事物的现状。"[2]这就是说，实践观点对于哲学和美学，并不仅仅是认识论的一条原则，或者本体论、某一个基本美学的命题、美学的诸多领域的令人耳目一新的开拓，而且更重要的是一种革命性的变革，是自然观、历史观（世界观）整体上的革命。这种革命把事物、现实、感性，当作人的感性活动，当作实践去理解，把人的活动本身理解为客观的（gegenständliche）活动，从而超越主客观二元对立的一切旧唯物主义和一切唯心主义，超越了理性主义和经验主义的对立。它认为，社会生活在本质上是实践的。凡是把理论导向神秘主义方面的神秘东西，都能在人的实践中以及对这个实

---

[1]　马克思：《关于费尔巴哈的提纲》，载《马克思恩格斯选集》第一卷，人民出版社1972年版，第16页。

[2]　马克思、恩格斯：《德意志意识形态》，载《马克思恩格斯选集》第一卷，人民出版社1972年版，第48页。

践的理解中得到合理的解决，从而超越理性主义与非理性主义的对立，超越社会与个人的对立。它不是从观念出发来解释实践，而是从物质实践出发来解释观念的东西，从而超越了物质与精神的二元对立，超越了现象与本质、现实与理想的二元对立；并且向历史和未来敞开了自身，随着社会生活的变化，"甚至随着自然科学领域中每一个划时代的发现""改变自己的形式"①。第二，这种肯定是以偏概全，以静代动，并未把握到实践美学的实质，因为它把人类学本体论当作实践美学的重要理论贡献。其实，人类学本体论不过是实践美学中李泽厚派的一个观点，并未成为实践美学的各派共识。而且，人类学本体论主要在20世纪80年代广为流传，但很快李泽厚本人就从心理本体、情感本体来变更人类学本体论，充分暴露出了对于马克思主义实践唯物主义的偏离。鉴于人类学本体论本身固有的这种不足，从其一诞生起就受到实践美学其他派别的委婉批评，刘纲纪多次指出他所主张的实践本体论与李泽厚的人类学本体论的区别②。"人类学本体论"，不仅是个含糊不清的称谓，而且李泽厚在90年代以后的美学观点也已证明它已把社会本体论心理化、情感化了。以这种含糊不清且最终背离实践唯物主义的人类学本体论来概括实践美学的"空前的成就"，当然就是不准确的。即使人类学本体论最终不被首倡者心理化和情感化，也只能代表某一时期的主要观点，不能概括实践美学的根本本体论基础。

---

① 恩格斯：《路德维希·费尔巴哈和德国古典哲学的终结》，载《马克思恩格斯选集》第四卷，人民出版社1972年版，第224页。

② 见刘纲纪：《传统文化、哲学与美学》，广西师范大学出版社1997年版，第112—113页。

如果站在80年代末90年代初如此总结，似乎还可以勉强说得过去，但是，潘知常在90年代中来进行总结，却不是实践本体论，而偏要把人类学本体论作为实践美学本体论基础的成就来评价，这就是既不准确又有一定的用意的。我认为，这里的用意就在于，把脱胎于康德哲学的人类学本体论作为实践美学的本体论基础，从而进一步确定实践美学隶属于传统美学（或古典美学）的范畴，为他的生命美学超越传统美学做铺垫。在《反美学》中，潘和常在批评实践美学的论述之前说："作为传统美学的一种特殊形态，中国当代美学的'显而易见的开端'同样是一种理性主义，在此基础上，它还形成了一种主体性原则的特殊形态：'实践'原则。"[①]这就是非常明白的了。

杨春时对实践美学做了三点肯定："首先，实践美学克服了传统唯心主义美学的直观性和片面的主观性。""其次，实践美学克服了旧唯物主义美学（包括'自然派'美学）的直观性和片面的客观性。""实践美学还在一定程度上突破了传统哲学和美学（包括唯心主义和旧唯物主义）的主客对立二元结构，以实践一元论取而代之，从而为解决美的主客体性问题铺平了道路。"[②]这些部分肯定，同样是把实践美学的历史功绩和合理性有意地局限于传统美学的范围内，意即指实践美学只是对传统的美学观点做了部分克服："它虽然在一定程度上突破了传统美学的局限，但仍然保留了古典美学的某种基本特征，尤其是古典美学的理性主义。"[③]

---

① 潘知常：《反美学》，学林出版社1995年版，第212页。

② 杨春时：《生存与超越》，广西师范大学出版社1998年版，第140、141页。

③ 杨春时：《生存与超越》，广西师范大学出版社1998年版，第141页。

阎国忠说："实践美学同样是立足主客体二分法来看待审美活动的，因此从根本上没有脱出古典美学的框架，但是它在许多方面又不免引起人们对古典美学的怀疑和对美学的现代意味的思考。它在美学上的贡献大致可以归纳如下：第一，它把美学探讨的中心从静态的美在何处，引向了动态的美是怎样发生发展的，从而大大推动了审美社会学的研究；第二，它把实践概念引进到美学，而实践概念是历史概念，这就使美学超离认识论成为可能；第三，它的理论指向直接是作为实践主体的人，人的本质，人的尺度，人的创造力等，于是人本身成为美学的最大课题；第四，美学因此在一定程度上脱离了抽象的概念的争论，而与人的生产劳动、自然环境的观赏以及艺术创作活动等实际问题结合起来；第五，它引发了人们对研究马克思经典作家们的美学著述，特别是马克思的经济学著述的兴趣，马克思主义美学脱离了带有旧的唯物主义色彩的阴影，形成了新的特有的概念。"[①]这充分说明了，阎国忠对实践美学的肯定同样是在传统美学的范围之内做文章，而且也是仅以李泽厚作为整个实践美学的总体代表，而忽视了实践美学的根本成就在于造就了超越传统美学的开放体系，也看不到实践美学在90年代以来的发展，把其锁定在60年代和80年代的静态点上，说："它本身虽然没有超出古典美学的范围，但是它却培育了超出古典美学的若干现代因素，从而为我国美学迅速地跨进到二十世纪及二十一世纪成为可能。所谓超越美学、生命美学、体验美学的提出，或许可以作为一

---

① 阎国忠：《走出古典——中国当代美学论争述评》，安徽教育出版社1996年版，第407—408页。

种例证。"[1]这就是说,作为古典形态的实践美学已经不可能超越古典美学本身,必然要被超越美学、生命美学、体验美学等后实践美学所超越或取代了。

这些部分的肯定,蕴含着潜在的否定。而他们的根本否定方面,则是直接、全面、根本地否定了实践美学。

潘知常说:"中国当代美学的'显而易见的开端',以及在此基础上提出的'实践'原则和'美是人的本质力量的对象化'('自然的人化')这一美学命题是一种理性主义。""'目的论'的思维方式和'人类中心论'的文化传统,同样构成了它的内在根据。"[2]

杨春时列举了实践美学的十大根源于理性主义的严重缺陷:"第一,实践美学残留着理性主义印记,把审美划入理性活动领域,从而忽略了审美的超理性特征。""第二,实践美学具有现实化倾向,把审美划入现实活动领域,从而忽略了审美的超现实特征。""第三,实践美学强调实践的物质性,因此,由物质实践出发来考察审美,就不可避免地忽略了审美的纯精神性。""第四,实践美学强调实践的社会性,仅仅从社会活动角度考察审美,从而忽略了审美的个性化特征。""第五,实践美学虽然从实践本体论出发,以对象取代实体范畴,在一定程度上克服了主客体对立的二元结构,从而为解决美的本质和主客观属性问题奠定了基础,

---

① 阎国忠:《走出古典——中国当代美学论争述评》,安徽教育出版社1996年版,第410页。

② 潘知常:《实践美学的本体论之误》,《学术月刊》1994年第12期。相似表述亦见潘知常:《反美学》,学林出版社1995年版,第212页。

但是，由于在实践水平上主体与客体只能达到相对的统一，主客体的差异仍然存在，因此，并未彻底克服主客二分的二元结构。""第六，实践美学有时也意识到实践与审美的差异，为了沟通两者，又采用了决定论模式。""第七，实践美学以实践为本体论范畴，'本体'被客观化、实体化，因而不能彻底克服片面的客观性和实体观念。""第八，实践美学强调了实践的生产性、创造性，从实践范畴出发，就必然导致片面肯定审美的生产性、创造性，忽视审美的消费性、接受性。""第九，实践美学以实践本体论为哲学基础，而缺乏解释学（即传统认识论）基础，因此其理论体系是不完备的。""第十，实践美学由于实践范畴的局限，存在着以一般性取代特殊性的倾向，因而不能揭示审美的特殊本质。"①

张弘说："实践论美学的致命错误，即抹煞了审美活动（同样也可称为审美实践）和生产劳动等其他社会实践的根本区别。这样一来，实践论美学看似十分辩证，却恰好忘记了辩证法的精髓——对特殊性与差异性的把握。""实践论美学恰恰在一系列的对立统一中，实际否定了美与审美的个别性。""实践论美学的另一根本问题，是其理论出发点的内在矛盾。""它在致力于调停主观客观、感性理性、必然自由等一系列矛盾与对立的同时，等于前提已默认了这些二元对立。这一点当然与它潜在的理论出发点有关。它所做的，不外是以新的中介为基点，来再度进行二元对立的综合。不同的只是，社会实践作为中介，代替了康德的先天判断力、谢林的先验唯心直观，乃至黑格尔的绝对理念等等。而古典美学的二元论

---

① 杨春时：《生存与超越》，广西师范大学出版社1998年版，第153—158页。

的基座及格局，并未受到根本上的触动。尽管实践论美学标榜自己（不少人也这样认为）以实践一元论取代了传统的二元论，但从这点来看，判定实践论美学仍属于传统美学，并不为过。"[①]

阎国忠则说："实践美学的根本问题是试图以实践（物质实践）解释所有的审美现象。而审美从根本上说却不属于或不完全属于实践的问题。实践美学应该和能够告诉人们的是，作为审美的客体，包括自然的、社会的、艺术作品中的，是从哪里来的；人作为审美的主体是怎样生成的；人何以能够通过生产劳动创造出审美客体，又何以能够从他所创造的审美客体中获得一种愉快。但是，美学所要追索的问题主要的并不是这些，而是美是什么；审美如何成为可能；在美感的一刹那中，审美主体的心理状态是怎样的；美感的快慰是什么性质的，它与快感有什么不同；审美活动与认识活动、道德活动是怎样的一种关系；等等。所以，实践美学实际上并非是本真意义上的美学，充其量只是对美学的有关问题作出了历史的和社会学的解释，或者更深一层说，是为美学提供了一种历史唯物主义的观点和方法论。"[②]

从以上这些具有代表性的对实践美学进行根本否定的主要观点来看，它们都是在一些似是而非的误读、误释、误解的基础上，给实践美学贴上了传统的（古典的）标签，然后就轻易地加以根本否定、消解。它们不知道或者不愿意知道，实践美学正由于马克思主义的实践唯物主义哲学基础

[①]　张弘：《存在论美学：走向后实践美学的新视界》，《学术月刊》1995年第8期。

[②]　阎国忠：《走出古典——中国当代美学论争述评》，安徽教育出版社1996年版，第408页。

的超越性和开放性，而成为一种超越传统美学的开放体系。当然，它们也可以从后现代主义的解释学出发，认为一切阅读都是误读，一切解释都是以我的先见为基础的误释，一切理解都是文本的视界与我的视界相融合的误解，那么，我们的对话就成了后实践美学的霸权主义的话语的独白。因此，我们希望，对于实践美学的评价仍然应该具有客观的基础，"回到马克思"，回到实践美学的发展中的理论。

具体说来，对于实践美学的评价应该从马克思关于实践唯物主义哲学基本原理的规定和论述出发，并根据实践美学的主要代表人物的有关著述，在实践美学从60年代经过80年代直到90年代的具体发展中来考察其是非功过。然而遗憾的是，从以上所列举的几位学者关于否定实践美学的论点来看，他们评价实践美学是从一个前定的框架出发，把种种标签往否定对象上硬贴。在他们看来，理性主义，主客二分的、二元对立的二元论，目的论思维，人类中心论，强调审美的现实性、物质基础、社会性、客观性等就是传统美学（古典美学），然后从实践美学的初期代表人物的著述中引出某些可以见出以上这些传统的（古典的）美学的特征的例句，甚至根据自己的任意解释，抓住一点，不顾及实践美学及其不同时期主要代表人物的整体，就宣布"实践美学仍然停留于古典阶段"①。

这里我们暂且不论实践美学是否是理性主义、二元论、目的论、人类中心论这类标签所能框住的对象，只想先提一些疑问：是否论及或强调了理性，就一定是理性主义？是否从一系列相对的因素（主体与客体、理性

---

① 杨春时：《生存与超越》，广西师范大学出版社1998年版，第170页。

与感性、必然与自由……）出发来论述问题，就一定是二元论？是否论述了人的审美活动与人的目的或合目的性有关就一定是目的论？是否从人的实践出发论述美、审美和艺术与人密切相关就一定是人类中心论？是否只有一边倒地突出审美的纯精神性、个人性（个体性、个性性）、非理性、精神的超越性、精神的自由性等才称得上是现代的美学，才是唯一正确的美学？是否只有从生存、生命、存在、体验等含糊不清的抽象的东西出发才能构建出现代的、走向世界的美学？恐怕在福柯、德里达等后现代主义者看来，超越美学、生命美学、存在美学、体验美学等也都不过是古典的、传统的美学，但是，这些后实践美学又无法挤进后现代的行列，因为在后实践美学的主张者看来，中国的文艺（理应包括更滞后的美学）还停留在近代的水平上，所以后实践美学应该给自己贴什么样的标签也就大可怀疑了。

因此，要正确、全面地评价实践美学，还是应该多做事实分析，少贴各种标签。

至于说实践美学"是为美学提供了一种历史唯物主义的观点和方法论"[1]，这种观点不仅不能否定实践美学的意义和价值，而且应该说正是由于实践美学把历史唯物主义的观点和方法引入了美学，才使得世界美学包括中国美学产生了革命性变革，由传统美学转向现代美学，不断超越以德国古典美学为主要代表的传统美学，为未来的发展开辟了更为宽广的道路。尽管由于时代和历史使命的要求，目前实践美学的主要成就表现在历

---

[1]　阎国忠：《走出古典——中国当代美学论争述评》，安徽教育出版社1996年版，第408页。

史的和社会学的层面，但是90年代以来，实践美学的主要代表正在为发展和完善实践美学体系进行艰苦的努力，而且也取得了可喜的成就，只要去看看蒋孔阳的《美学新论》、刘纲纪的《传统文化、哲学与美学》、周来祥的《再论美是和谐》等著作即可发现实践美学不仅在审美社会学方面，而且在审美心理学、艺术美学（心理学美学、艺术哲学）等方面都有了许多新的研究和拓展。再说，从多视角、多文化、全方位的观点来看，所谓"本真意义上的美学"本身就是一个可疑的概念。按照我的观点，美学是以艺术为中心研究人对现实的审美关系的科学。它应该研究审美主体、审美客体和审美创造，并且围绕着艺术这个中心来进行研究。那么，哲学的、心理学的、社会学的、文艺学的、各门自然科学的观点和方法都可以运用到美学研究的各个方面中去。因此，如果一定要定一个美学的"本真意义"，关键就在于要集中研究审美关系或者说以艺术为中心研究审美关系。不然的话，用一句美学界的时髦的话来说，那就是，美学至今没有成为真正的科学，还处在前科学甚至潜科学的阶段，岂独实践美学还不是"本真意义上的美学"？或者还可以说，正是实践美学运用了实践唯物主义（历史唯物主义）的观点和方法，才可能使美学超越前科学和潜科学成为"本真意义上的美学"，正如历史唯物主义使社会主义学说从空想成为真正的科学那样。

（二）实践美学与实践唯物主义

实践美学的哲学基础是实践唯物主义。"实践唯物主义"是马克思和恩格斯在《德意志意识形态》中对自己学说的称谓："实际上和对实践的唯物主义者，即共产主义者说来，全部问题都在于使现存世界革命化，实际地反对和改变事物的现状。"①新时期以来的中国哲学界越来越认同"实践唯物主义"这个马克思主义哲学的"本真"称谓，它似乎比"历史唯物主义和辩证唯物主义"更简明扼要地表征了马克思主义哲学的实质和特点。

实践唯物主义以实践观点作为首要的基本观点来阐发人与世界的总体关系，形成马克思主义哲学。它包括实践本体论，实践认识论和实践辩证法三大部分。马克思主义的实践本体论，在自然（物质）本体论的基础上，强调人类社会、人类历史、人类本身是以物质生产劳动为中心的社会实践的产物，实践是社会存在的本体（本原），实践也是社会历史发展的动力，社会是在以物质生产劳动为经济基础的矛盾运动中不断改变着上层建筑和意识形态的。这便是我们以往通称为历史唯物主义的部分。马克思主义的实践认识论，在承认客观对象存在于人的意识之外的前提下，认为人的认识来源于实践活动，是一个不断实践的反复过程，即认识在实践过程中不断地由感性认识向理性认识扩展和深化，实践是检验认识真伪的唯一标准。马克思主义实践辩证法，在自然和社会的运动、变化、发展的条件下，突出在实践过程中客体与主体、必然与自由、物质与精神、有限与无限、感性与理性、能动与受动、现实与可能、生理与心理、个体与社会、自然与文化等方面的矛盾运动、变化发展与和谐统一。

这样的实践唯物主义，产生和完善于19世纪中期，以《1844年经济学

---

① 马克思、恩格斯：《德意志意识形态》，载《马克思恩格斯选集》第一卷，人民出版社1972年版，第48页。

哲学手稿》（1844）、《关于费尔巴哈的提纲》（1845年春）、《德意志意识形态》（1845—1846）、《共产党宣言》（1848）、《资本论》第一卷（1867）等著作为其形成标志。它不仅实现了同黑格尔的思辨形而上学的决裂，批判了黑格尔及其后继者们的唯心主义立场，使哲学回到了现实的基点之上，从而扬弃了西方形而上学传统的哲学观，而且对于当时反对传统哲学的实证主义与人本主义两大思潮也进行了扬弃。它把哲学作为一种新的世界观和方法论，扬弃了把哲学作为"科学之科学"的终极真理的形式；把哲学作为改变世界的有力武器，扬弃了以往哲学作为知识的传统形态，并把认识与价值统一起来，把自然科学与社会科学统一起来。这样，它也就真正超越了西方传统哲学，成为萨特所说的20世纪唯一不可超越的当代哲学，开辟了通向真理的广阔通达的道路。

正是实践唯物主义的这种超越性和开放性给予了实践美学超越性和开放性。实践美学是实践唯物主义的必然伸展，它研究人对世界的一种特殊关系——审美关系。它在实践唯物主义的基础上，同样形成了超越传统美学的开放体系。

实践美学的最基本的概念当然是实践唯物主义的实践。马克思对于实践的界定和阐述指明了，实践的概念是一个超越了理性主义、二元论、目的论、人类中心论的范畴，它必然使得实践美学具有相应的超越性。

正如毛泽东所说，"马克思主义者认为人类的生产活动是最基本的实践活动，是决定其他一切活动的东西"①，马克思和恩格斯也确实是从

---

① 毛泽东：《实践论》，载《毛泽东选集》第一卷，人民出版社1991年版，第282页。

物质的生产活动（劳动）这个"整个人类生活的第一个基本条件"①出发来谈实践的，因此，作为实践美学的哲学基础或逻辑起点的实践就只能是物质的生产活动，即劳动。这种实践活动，是人的感性活动，是客观的活动，是"环境的改变和人的活动的一致"②，是改变世界的活动。这种劳动是人同动物的最后的本质区别。"在某种意上不得不说：劳动创造了人本身"③，这正是实践的本体论的根本。马克思正是从这种劳动的自由创造性的本质论证了劳动创造了美，即美内在地生成于人的劳动之中。因此，那种指责实践美学把生产活动与审美活动简单地等同起来的观点并未明白这种实践本体论的含义，即审美活动是生产活动（实践）内在生成出来的、派生出来的，后者是前者的本源，二者根本不能等同。

马克思对于这个"劳动"做出了这样的说明："劳动，这只是一个抽象，就它本身来说，是根本不存在的；……只是指人用来实现人和自然之间的物质变换的一般人类生产活动，它不仅已经摆脱一切社会形式和性质规定，而且甚至在它的单纯的自然存在上，不以社会为转移，超乎一切社会之上，并且作为生命的表现和证实，是还没有社会化的人和已经有某种社会规定的人所共同具有的。"④因此，这里所谈的劳动实践是个一般

---

① 恩格斯：《自然辩证法》，载《马克思恩格斯全集》第二十卷，人民出版社1971年版，第509页。

② 马克思：《关于费尔巴哈的提纲》，载《马克思恩格斯选集》第一卷，人民出版社1972年版，第17页。

③ 恩格斯：《自然辩证法》，载《马克思恩格斯全集》第二十卷，人民出版社1971年版，第509页。

④ 马克思：《资本论》，载《马克思恩格斯全集》第二十五卷，人民出版社1974年版，第921页。

的概念，一方面，"劳动作为使用价值的创造者，作为有用劳动，是不以一切社会形式为转移的人类生存条件，是人和自然之间的物质变换即人类生活得以实现的永恒的自然必然性"[①]；另一方面，劳动"是人的自由活动"[②]，它不同于动物的生产，人的生产是全面的，人甚至不受肉体需要的支配也进行生产，并且只有不受这种需要的支配时才进行真正的生产，人再生产整个自然界，人则自由地对待自己的产品。"动物只是按照它所属的那个种的尺度和需要来建造，而人却懂得按照任何一个种的尺度来进行生产，并且懂得怎样处处都把内在的尺度运用到对象上去；因此，人也按照美的规律来建造。""人不仅象在意识中那样理智地复现自己，而且能动地、现实地复现自己，从而在他所创造的世界中直观自身。"[③]这些都直接告诉我们，实践美学所据以为出发点的实践，即物质生产活动（劳动），恰恰就是人的、社会的、美的本原，而且它本身绝不是一个理性主义的、二元论的、人类中心论的概念。因为它不仅包含了感性的活动，也包含了人的全面的需要（非理性）；它不仅是创造人自身的活动，也是再生产整个自然界的活动；它不仅是一种合目的的活动，也是一种合规律的活动。因此，正是实践（物质生产活动或劳动）的自由自觉的性质，让它成为使人区别于动物的"按照美的规律来建造"的活动。所以实践美学的

---

① 马克思：《资本论》，载《马克思恩格斯全集》第二十三卷，人民出版社1972年版，第56页。

② 恩格斯：《政治经济学批判大纲》，载《马克思恩格斯全集》第一卷，人民出版社1956年版，第611页。

③ 马克思：《1844年经济学哲学手稿》，载《马克思恩格斯全集》第四十二卷，人民出版社1979年版，第97页。

关键在于"实践的自由"。换句话说，并不是任何实践（劳动）都可以创造美和审美，而是只有当实践（劳动）实现了它的自由本性，即达到一定自由程度时，它才创造出美、审美和艺术。

根据马克思的论述，我认为，实践，以物质生产为中心的人的社会实践活动，是人类主体以物质条件为依据，诉诸对象世界这个客体的感性活动，是人类改造世界的客观活动，是人类自我生成、人类社会产生的根本。正是在这个社会实践过程中，人将自然"人化"了，获得了自己生存的环境和条件，同时人也将自己"人化"了，使自己成为区别于自然界的自由自觉的生命存在。因此，人长期在这个社会实践过程中，自身的内在需要也发生了根本性变化，由缺失性需要生发出发展性需要，由物质性需要引发出精神性需要，其中就生成了审美需要。这种审美需要，使人在实践中由实用目的迸发到审美目的，在运用自然和社会的规律为自己的目的服务的过程中逐步超越了实用的、直接的功利目的，而且这种转变和超越不仅仅是在少数个人的圈子内，而且是在一个群体（社会）之内普遍实现的，因此，人就有了一定程度的自由。这样，在人的这种一定程度的实践自由的基础上，人与自然（现实）就产生了超越实用关系的审美关系。这种人对现实的审美关系指的就是，在长期的社会实践中形成的、对象能够满足人的审美需要人也要求对象成为能够满足自己审美需要的对象的、人对现实的特殊关系。这种审美关系体现在客体形象上就是美（广义的），而体现在人的主体意识上就是美感（审美意识）。而这种实践的自由逐步发展到以审美需要和审美目的为主导方面时，审美关系的最集中的表现形式——艺术就产生了。美、美感和艺术，这些美学研究的最主要对象都是人类社会实践自由的产物。它们是人类由必然王国向自由王国不断飞跃的过程的伴生物，从而也随着人类社会这个历史进程而不断变化发展，显现人类社会实践的不同程度的自由。它们在社会实践中，具体呈现为个体与社会、感性与理性、生理与心理、自然与文化、物质与精神、意识与无意识、必然与自由的辩证运动的千姿百态。因此，美和艺术就是"多层累的突创""人的本质力量的对象化""自由的感性显现""显现人类自由的形象的肯定价值"，美感就是人在自己创造的对象世界中直观自身的自由感。

此外，实践概念，在马克思和恩格斯那里，也不仅仅是物质的、理性的、社会的、现实的，同样也包含了精神的、理性的、个人（个性）的、超现实的方面。马克思在《资本论》第一卷中明确说过："劳动首先是人和自然之间的过程，是人以自身的活动来引起、调整和控制人和自然之间的物质变换的过程。……他使自身的自然中沉睡着的潜力发挥出来，并且使这种力的活动受他自己控制。……我们要考察的是专属于人的劳动。蜘蛛的活动与织工的活动相似，蜜蜂建筑蜂房的本领使人间的许多建筑师感到惭愧。但是，最蹩脚的建筑师从一开始就比最灵巧的蜜蜂高明的地方，是他在用蜂蜡建筑蜂房以前，已经在自己的头脑中把它建成了。劳动过程结束时得到的结果，在这个过程开始时就已经在劳动者的表象中存在着，即已经观念地存在着。他不仅使自然物发生形式变化，同时他还在自然物中实现自己的目的，这个目的是他所知道的，是作为规律决定着他的活动的方式和方法的，他必须使他的意志服从这个目的。"[1]恩格斯在

---

① 马克思：《资本论》，载《马克思恩格斯全集》第二十三卷，人民出版社1972年版，第201—202页。

《自然辩证法》中说："人是唯一能够由于劳动而摆脱纯粹的动物状态的动物——他的正常状态是和他的意识相适应的而且是要由他自己创造出来的。"①马克思在《詹姆斯·穆勒〈政治经济学原理〉一书摘要》中充分肯定："我们的生产同样是反映我们本质的镜子。""我的劳动是自由的生命表现，因此是生活的乐趣。""我在劳动中肯定了自己的个人生命，从而也就肯定了我的个性的特点。"②在《1844年经济学哲学手稿》中写道："宗教、家庭、国家、法、道德、科学、艺术等等，都不过是生产的一些特殊的方式，并且受生产的普遍规律的支配。""人以一种全面的方式，也就是说，作为一个完整的人，占有自己的全面的本质。人同世界的任何一种人的关系——视觉、听觉、嗅觉、味觉、触觉、思维、直观、感觉、愿望、活动、爱，——总之，他的个体的一切器官，正象在形式上直接是社会的器官的那些器官一样，通过自己的对象性关系，即通过自己同对象的关系而占有对象。对人的现实性的占有，它同对象的关系，是人的现实性的实现，是人的能动和人的受动，因为按人的含义来理解的受动，是人的一种自我享受。"③只要不做误读，这里关于劳动实践是把它的物质性与精神性、理性与非理性、个性与社会性等辩证统一起来做了全面的解释的。

①　恩格斯：《自然辩证法》，载《马克思恩格斯全集》第二十卷，人民出版社1971年版，第535—536页。

②　马克思：《詹姆斯·穆勒〈政治经济学原理〉一书摘要》，载《马克思恩格斯全集》第四十二卷，人民出版社1979年版，第37、38页。

③　马克思：《1844年经济学哲学手稿》，载《马克思恩格斯全集》第四十二卷，人民出版社1979年版，第121、123—124页。

关于人的本质力量的对象化、自然的"人化",马克思在《1844年经济学哲学手稿》中是这样阐明的:"另一方面,即从主体方面来看:只有音乐才能激起人的音乐感;对于不辨音律的耳朵说来,最美的音乐也毫无意义,音乐对它说来不是对象,因为我的对象只能是我的本质力量之一的确证,从而,它只能象我的本质力量作为一种主体能力而自为地存在着那样对我说来存在着,因为对我说来任何一个对象的意义(它只是对那个与它相适应的感觉说来才有意义)都以我的感觉所能感知的程度为限。所以社会的人的感觉不同于非社会的人的感觉。只是由于属人的本质的客观地展开的丰富性,主体的、属人的感性的丰富性,即感受音乐的耳朵、感受形式美的眼睛,简言之,那些能感受人的快乐和确证自己是属人的本质力量的感觉,才或者发展起来,或者产生出来。因为不仅是五官感觉,而且所谓的精神感觉、实践感觉(意志、爱等等)——总之,人的感觉、感觉的人类性——都只是由于相应的对象的存在,由于存在着人化了的自然界,才产生出来的。五官感觉的形成是以往全部世界史的产物。囿于粗陋的实际需要的感觉只具有有限的意义。对于一个饥肠辘辘的人说来并不存在着食物的属人的形式,而只存在着它作为食物的抽象的存在;同样地,食物可能具有最粗糙的形式,并且不能说,这种饮食与动物的摄食有什么不同。忧心忡忡的穷人甚至对最美丽的景色都无动于中('中'应为'衷'——引者注);贩卖矿物的商人只看到矿物的商业价值,而看不到矿物的美和特性;他没有矿物学的感觉。因此,一方面为了使人之感觉变成人的感觉,而另方面为了创造与人的本质和自然本质的全部丰富性相适应的人的感觉,无论从理论方面来说还是从实践方面来说,人的本质的对象化都是必要的。"①

　　这一段关于人的本质力量的对象化、自然的"人化"的著名论断，并不像潘知常所说的"与其说它们是美学命题，远不如说是哲学命题更为恰当。马克思使用这些理论命题的主旨，是为了从实践的角度恢复人的真正地位，指出人类的感性活动是人类社会历史中的最为重要的事实，但他从来就没有把这一事实唯一化，更没有把这一事实美学化"②。当然，《1844年经济学哲学手稿》不是美学专著，但是，马克思在那里，特别是在以上所引用的那段论述中给美学命题注入了全新的意义，明确地说明了美和美感正是"人化了的自然界"和"人的本质的对象化"相统一的社会实践的产物。而且就是以音乐、感受音乐的耳朵，形式美、感受形式美的眼睛，矿物的美和特性，美丽的景色作为实例来分析"社会的人的感觉"（属人的本质力量的感觉，其中美感是个重要部分）与"人化了的自然界"（对象化了人的本质力量的自然界）在实践（劳动）之中的统一。因此，也可以说，在最广泛的美学意义上，美就是人的本质力量的对象化。换句话说，人类的社会实践在漫长的岁月之中，使得自然"人化"了，成为"人化"的自然。这样的自然才可能与人形成审美关系，成为人的属人的本质力量的感觉（美感）的对象，也才对人具有了美的意义和价值。当然，这里的人的本质力量的对象化指的是真正属于人的本质力量客观地展开的丰富性，即超越了囿于粗陋的实际需要的人的本质力量的对象化，而

---

①　马克思：《1844年经济学—哲学手稿》，刘丕坤译，人民出版社1979年版，第79—80页。

②　潘知常：《实践美学的本体论之误》，《学术月刊》1994年第12期。

不是指异化了的劳动。因此，马克思实际上是讲了美所产生的实践本体论的根据，肯定是从美学意义来阐述的，或者说是从最内在的美学意义来阐述的。但是，由于马克思的《1844年经济学哲学手稿》不是美学专著，所以，并没有在具体论述劳动（实践）时去分析异化劳动与美的关系，而是从劳动（实践）的本质意义，即自由自觉的活动的意义，分析了美和美感是在社会实践中历史地生成出来的。因此，说美是人的本质力量的对象化或人的本质的对象化，从根本上说是完全正确的。不过，许多反对者总是忽视了人的本质力量或人的本质的自由自觉的特性，以一种具体展开的、异化了的劳动（人的本质或人的本质力量）来曲解、误译人的本质力量的对象化，并振振有词地说，人的本质力量对象化的东西，并不都是美的，并以此否定了这个命题。如果从社会实践的自由（超越实际功利目的，运用自然规律为人的目的服务，个人与社会群体达到统一）的高度来看，人的本质力量的对象化，就肯定创造出美的对象和对象的美。一个人仅仅出于盛食物或打扫垃圾的目的去制作盘子或扫帚，当然对象化的产品可能是不美的或不讲求美的，但是一旦超越了囿于实际需要的功利目的，充分地运用制陶工艺或编织工艺的规律来进行创造，以满足人的审美需要，并且整个社会已经具有这种满足审美需要的经济、文化的能力而不是少数人的追求，那么，盘子或扫帚也可以制作成与人发生审美关系、满足人的审美需要的美的对象（工艺品），并具有美的价值和意义。说得明确一些，我们可以从美是人的本质力量的对象化，进一步规定出美是显现人类自由的形象的肯定价值。

为了进一步说明这个问题，我们还可以从马克思关于人的本质的科学规定来做一些审视。马克思对人的本质做过多方面的深入研究，在确立实践唯物主义和共产主义学说的过程中，不仅驳斥了形形色色错误的观点，而且做了明确的规定。但是，我们以前由于一些急功近利的需要而未能全面、科学、系统地理解和解释马克思主义的人的本质观，却片面地强调了人的阶级性，甚至以阶级性吞没了人的本质的其他层面，因而也就使人对人的本质力量的对象化的美学命题产生了疑惑。

其实，马克思和恩格斯对于人的本质是做过全面、深入论述的，只是没有一篇专著把这些分散各处的论述集中起来。我们从他们的有些论著中可以看到，马克思主义的创始人关于人的本质从三个不同层面进行了全方位的阐述。

首先，他们从内在需要的层面论述了人的本质。他们说："在任何情况下，个人总是'从自己出发的'，但由于从他们彼此不需要发生任何联系这个意义上来说他们不是唯一的，由于他们的需要即他们的本性，以及他们求得满足的方式，把他们联系起来（两性关系、交换、分工），所以他们必然要发生相互关系。"① "男女之间的关系是人和人之间最自然的关系。因此，这种关系表明人的自然的行为在何种程度上成了人的行为，或者人的本质在何种程度上对人说来成了自然的本质，他的人的本性在何种程度上对他说来成了自然界。这种关系还表明，人具有的需要在何种程度上成了人的需要，也就是说，别人作为人在何种程度上对他说来成了需

---

① 马克思、恩格斯：《德意志意识形态》，载《马克思恩格斯全集》第三卷，人民出版社1960年版，第514页。

要，他作为个人的存在在何种程度上同时又是社会存在物。"①

其次，他们从劳动的层面规定了人的本质。他们说："人的类特性恰恰就是自由的自觉的活动。"②"正是在改造对象世界中，人才真正地证明自己是类存在物。这种生产是人的能动的类生活。通过这种生产，自然界才表现为他的作品和他的现实。因此，劳动的对象是人的类生活的对象化：人不仅象在意识中那样理智地复现自己，而且能动地、现实地复现自己，从而在他所创造的世界中直观自身。"③"劳动资料的使用和创造，虽然就其萌芽状态来说已为某几种动物所固有，但是这毕竟是人类劳动过程独有的特征，所以富兰克林给人下的定义是a toolmaking animal，制造工具的动物。"④"人类社会区别于猿群的特征又是什么呢？是劳动。"⑤"可以根据意识、宗教或随便别的什么来区别人和动物。一当（'当'应为'且'——引者注）人们自己开始生产他们所必需的生活资料的时候（这一步是由他们的肉体组织所决定的），他们就开始把自己和

---

① 马克思：《1844年经济学哲学手稿》，载《马克思恩格斯全集》第四十二卷，人民出版社1979年版，第119页。

② 马克思：《1844年经济学哲学手稿》，载《马克思恩格斯全集》第四十二卷，人民出版社1979年版，第96页。

③ 马克思：《1844年经济学哲学手稿》，载《马克思恩格斯全集》第四十二卷，人民出版社1979年版，第97页。

④ 马克思：《资本论》，载《马克思恩格斯全集》第二十三卷，人民出版社1972年版，第204页。

⑤ 恩格斯：《自然辩证法》，载《马克思恩格斯全集》第二十卷，人民出版社1971年版，第514页。

动物区别开来。"①

最后，他们从社会关系的层面规定人的本质。马克思说："人的本质并不是单个人所固有的抽象物。在其现实性上，它是一切社会关系的总和。"②"因为人的本质是人的真正的社会联系，所以人在积极实现自己本质的过程中创造、生产人的社会联系、社会本质，而社会本质不是一种同单个人相对立的抽象的一般的力量，而是每一个单个人的本质，是他自己的活动，他自己的生活，他自己的享受，他自己的财富。因此，上面提到的真正的社会联系并不是由反思产生的，它是由于有了个人的需要和利己主义才出现的，也就是个人在积极实现其存在时的直接产物。"③"人们在生产中不仅仅同自然界发生关系。他们如果不以一定方式结合起来共同活动和互相交换其活动，便不能进行生产。"④"人就是人的世界，就是国家，社会。"⑤

由此可见，马克思主义创始人的人的本质的概念，是一个多层面的有机联系的整体，它的内在层是需要，它的决定层是劳动，它的现实层（外

①　马克思、恩格斯：《德意志意识形态》，载《马克思恩格斯全集》第三卷，人民出版社1960年版，第24页。

②　马克思：《关于费尔巴哈的提纲》，载《马克思恩格斯选集》第一卷，人民出版社1972年版，第18页。

③　马克思：《詹姆斯·穆勒〈政治经济学原理〉一书摘要》，载《马克思恩格斯全集》第四十二卷，人民出版社1979年版，第24页。

④　马克思：《雇佣劳动与资本》，载《马克思恩格斯选集》第一卷，人民出版社1972年版，第362页。

⑤　马克思：《〈黑格尔法哲学批判〉导言》，载《马克思恩格斯选集》第一卷，人民出版社1972年版，第1页。

在层）是社会关系：人↔需要↔劳动↔社会关系。作为实际生存的人，因为有自己的需要，所以必定要进行生产劳动，而生产劳动离开了一定的社会关系就无法进行。在人的生成过程中，需要是内驱力，劳动是关键和根本，社会关系则是现实的表现。正是在这个意义上恩格斯才说："劳动创造了人本身。"[①]马克思才说："我们的生产同样是反映我们本质的镜子。""我的劳动是自由的生命表现，因此是生活的乐趣。"[②]"劳动创造了美。"[③]

因此，我们从美、审美与人的本质这三个层面及其内在关系，也可以看到，美就是人的本质（力量）的对象化，审美就是人在他所创造的对象世界之中直观自身。从心理学当前关于人的需要的理论研究来看，美国人本主义心理学家马斯洛关于人的需要的层次说就具体地充实了马克思关于需要与人的本质的关系的学说。马斯洛把人的需要大致地分为：生理需要、安全需要、归属（爱）的需要、尊重需要、认知需要、审美需要、自我实现需要。这些需要的逐层实现，就使人逐步达到自我实现，即实现人的本质，而审美需要是人的精神性的、发展性的、高级的需要，它的生成、发展和实现，当然就是人的自我实现的高层次表现，也是人的本质力量对象化的高度自由的表现。而且，当审美需要全面地渗透进生理需

---

① 恩格斯：《自然辩证法》，载《马克思恩格斯全集》第二十卷，人民出版社1971年版，第509页。

② 马克思：《詹姆斯·穆勒〈政治经济学原理〉一书摘要》，载《马克思恩格斯全集》第四十二卷，人民出版社1979年版，第37、38页。

③ 马克思：《1844年经济学哲学手稿》，载《马克思恩格斯全集》第四十二卷，人民出版社1979年版，第93页。

要、安全需要、归属（爱）的需要、尊重需要、认知需要时，也就同时在逐步实现人的全面本质，因而"人不仅在思维中，而且以全部感觉在对象世界中肯定自己""人以一种全面的方式，也就是说，作为一个完整的人，把自己的全面的本质据为己有"①。这样，人在社会实践中，在超越了实际生存的直接物质需要以后，逐步生成和发展审美需要，从而使人逐步"人化"，成为不断超越动物需要的全面的人，也就全面地实现着自我的本质，人具有了审美的能力，对象也就确证和对象化了人的本质力量（肉体的和精神的能力的总和），从而成为人的审美对象。而这一切也是与人的自由自觉的劳动不可分离的。不仅审美需要本身就是在人的通过劳动的自我生成的过程之中产生和发展起来的，而且人的真正的劳动生产的自由自觉的创造性质，既使对象成为超越实际功利目的按照美的规律建造出来的审美对象，又使人自己在这种自由的生命表现的活动之中感受到自己的本质力量，感受到生活的乐趣，感受到对象的形式的变化，简言之，产生和发展出美和审美。正因为如此，我们认为，从实践本体论和马克思主义人学（人的本质）理论出发，不能把美视为审美活动的产物。不然的话，美就成了意识（审美活动，按后实践美学看来是精神性的）的产物，那么在本体论上就必定是主观唯心主义的。而且，从发生学角度来看，我们讲美、审美和艺术的产生是指其历史的生成，而不是指个别存在或属性的产生，因而我们只能说美、审美和艺术产生于劳动实践，而不能说它们产生于审美活动。这就好像，尽管我们每个人都是自己的母亲生的，但从

---

① 马克思：《1844年经济学—哲学手稿》，刘丕坤译，人民出版社1979年版，第79、77页。

发生学意义上讲，人都应该是劳动创造的。再进一步说，审美活动不可能成为美和审美意识的来源，因为它自身是在人的生产劳动之中生成的，之所以能如此，就是因为生产劳动（物质实践）的自由自觉性包含着审美活动的基因和胚胎。正是在人的这种自由自觉的劳动的对象化的过程中，人的本质才不仅对象化为美，而且对象化为审美活动。所以，人类学和考古学的资料才告诉我们，人类的审美活动和美的对象，并不是人一脱离猿类就有的，而是到了旧石器时代晚期（大约三万年前，欧洲克罗马农人、中国山顶洞人的时代）才开始出现的。这从此前的所有原始人类的遗址中未发现任何审美活动和美的对象的遗迹即可证明。同样的道理，人的需要和生产离不开人的社会关系、社会，人的社会本质也蕴含着美和审美。马克思说："社会是人同自然界的完成了的、本质的统一，是自然界的真正复活，是人的实现了的自然主义和自然界的实现了的人本主义。"①换句话说，只有在社会中，在社会关系中，人与自然才达到了真正的、本质的统一。当然，这也指的是非异化的社会、非私有制的社会，或者说是体现了人类一定实践自由的社会。这种社会当然也就可以对象化出美和审美。也就是在这个意义上，粗糙的、野生的、自在的自然界无所谓美，而只有为人的自然界，社会化、"人化"了的自然界才有了美，才成为人的审美对象，引发人的审美感受。

总之，人的本质的对象化是实践本体论与马克思主义人学和发生学关于美的本质的必然结论和科学命题。它从一个完整的整体上，又从不同

---

① 马克思：《1844年经济学—哲学手稿》，刘丕坤译，人民出版社1979年版，第75页。

的层面上，揭示了美与人的本质的密切关系，具有高度的哲学意义。只要我们不是想当然或者故意地误读、误释，而是从马克思的本真的意义上，"回到马克思"地阐释它，就可以了解它的美学真义，领悟它的丰富内涵及其超越传统美学的价值，即既超越了黑格尔、康德等人的唯心主义，又超越了费尔巴哈、车尔尼雪夫斯基等人的旧唯物主义，达到了实践美学使人的科学与自然科学相统一的现代的科学高度，因为"在社会主义的人看来，全部所谓世界史不外是人通过人的劳动的诞生，是自然界对人说来的生成，所以，在他那里有着关于自己依靠自己本身的诞生，关于自己的产生过程的显而易见的、无可辩驳的证明"①。正是在这种社会实践中的人的自我生成中，在人与自然发生关系的过程中，人与自然才产生了审美关系，也才从中分化为对象上的美和人自身的审美，因此，准确地说，美是显现人类自由的形象的肯定价值，也就是美是人的本质力量的对象化。至于美与自由的关系，我已写过《美与自由》《自然美与自由》②，在此就不再赘述了。

（三）实践美学迈向新世纪

中国的实践美学从20世纪60年代初创至今已走过了半个多世纪的历程。在进入21世纪前，实践美学大体上经历了三个阶段，即：60年代建立，80年代成为中国美学的主流，90年代进一步分化和发展。现在它正面

---

① 马克思：《1844年经济学—哲学手稿》，刘丕坤译，人民出版社1979年版，第84页。

② 见《华中师范大学学报》（哲社版）1990年第3期；《云梦学刊》1997年第1期。

临着跨入21世纪后的超越和自我超越。

其实，实践美学的最大历史贡献就在于为中国美学找到了最具有超越和自我超越能力的哲学基础——马克思主义的实践唯物主义，从而把马克思主义美学对以黑格尔为主要代表的传统美学的超越具体化为中国美学中的一次巨大的超越，那就是超越以认识论为主要哲学基础的中国近代传统美学，特别是对以吕荧和高尔泰为代表的主观派、以蔡仪为代表的客观派、以朱光潜为代表的主客观统一派的总体性的超越。它的具体表现就在于，从马克思主义的实践观点出发，既超越了单纯认识论的美学框架，又超越了主观与客观二元对立的思维方式，建立了以李泽厚为代表的以人类学本体论或主体性实践哲学为哲学基础的实践美学或实践派。实践美学虽然形成于60年代中国当代美学的大讨论中，但是，真正有了明确的旗号和称号却是在"文革"以后的80年代。借助于"文革"中对于马克思哲学的学习和对于康德批判哲学的反思，经过对《1844年经济学哲学手稿》的大讨论，李泽厚正式提出了他的人类学本体论以及"人化的自然""积淀"等范畴，建构了最早的有代表性的实践美学体系。同时，其他许多坚持实践观点的美学家，如蒋孔阳、刘纲纪、周来祥等，也纷纷著文立说，把实践美学推向发展，使它成为中国当代美学的主潮。

然而，80年代后半期，李泽厚在研习西方现代主义美学的过程中，逐步产生了观点和立场的转化，更加注重实践的内化和心理本体或情感本体，90年代以后逐步将思考和学问的重点转向了中国思想史，再加之离开故土在国外教学，日渐疏远了中国美学界的学术研讨。不过，这时蒋孔阳、刘纲纪、周来祥却十分活跃，他们在坚持实践观点的共同大前提之下，各自进行了卓有建树的学术研究。蒋孔阳不断深化自己的观点和论述，在"美是人的本质力量的对象化"的基础上，又提出了"美在创造中""美是多层累的突创"，并最终完成了《美学新论》，全面、系统地总结了自己的美学思想体系，我称之为"创造美学"，而有人称之为"人类学美学"。刘纲纪在不断学习研究马克思主义哲学和美学以及中国传统文化、哲学、美学的基础上，明确地提出了"美是自由的感性显现"，对马克思的"劳动创造了美"的命题进行了充分的论证。尤其是在80年代末90年代初，刘纲纪系统地比较了马克思、恩格斯、列宁等革命导师的相关哲学和美学的关键范畴，又旗帜鲜明地提出了实践美学的哲学基础的重要方面实践本体论，在李泽厚观点转变之时，继续高举实践美学的大旗。我以为刘纲纪的实践美学思想体系可以称为"自由实践美学"或"实践本体论美学"。而与此同时，周来祥则在纵观古今中外美学发展历史的基础上，仔细地考察了古代的美、近代的美、现代的美，发现了"美是和谐"是一个普遍的美学规律，而在不同的审美实践中，这种和谐又表现为一个不断矛盾运动的发展过程。他带领自己的弟子以这样的观点审视古今中外的美学发展的历史，并建构了自己的美学思想体系，我以为可以称之为"辩证发展的和谐美学"。此外，在中国社会科学院哲学研究所美学研究室的聂振斌、滕守尧二位的倡导下，北京形成了一个以实践美学的基本理论前提为背景的"审美文化派美学"。他们关心审美文化，把美学与人类的生存方式、艺术化的生存紧密地结合起来，在中国社会的转型时期进行了非常有成绩的新开拓。当然，除以上这些以外，实践美学还有许多的拥护者、研究者，他们都十分关注实践美学在新世纪的发展和前途，也都在思索和探讨如何坚持和发展马克思主义实践观点的美学，如何应对后实践美学的各种严峻挑战。

我认为，实践美学由于其哲学基础（实践唯物主义）的超越性，完全可以在21世纪的中国美学发展中继续担任第一小提琴手或领唱者，在中国美学的欢乐交响曲或黄河大合唱中发挥其巨大作用，为建设有中国特色的当代美学而再造辉煌。

三、新实践美学的告别

章辉博士的《告别实践美学——评两种实践美学发展观》[①]针对我和朱立元的新实践美学观点进行了批评，本来，作为发展学术、繁荣学术的必要途径，争论是应该的，但是，章文却充满了误解、歪曲、妄断，这却是极其不应该的。因此，首先要加以说明。比如，章文称："张玉能寻找实践的审美本性的思路恰恰抹杀了审美活动的超越性、自由性和理想性，也就是审美对现实的超越和否定的本性。"如此武断，令人惊讶。从我的《美学要义》（华中师范大学出版社，1990年）到《实践的超越性与审美》［《西北师大学报》（社会科学版）2005年第1期］，我始终强调美、审美和艺术的超越性、自由性和理想性，关键在于，我所理解的超越性、自由性、理想性，与后实践美学和章辉博士理解的不同，不能笼统说我"抹杀"，而应该分析我所说的究竟错在哪里。这种吓人的武断，就可能误导读者，仿佛一言定乾坤了。再比如，章文说："张玉能的根本之点

---

① 见《学术月刊》2005年第3期。

是唯实践论，但实践无所不能，无所不包，也就什么都不是了。"我何处如此说过？既然是"根本之点"，又没有根据，这算什么？正确的、合乎规律的实践确实是无所不能的，那它果真就什么都不是了吗？把"无所不包"与"无所不能"混淆起来，把正确的实践与错误的实践混淆起来，然后，做那样的推理，叫人真是哭笑不得，跳进黄河也洗不清。还有，章文敢于断言："张玉能对当代西方美学始终不置一词，表现在理论上，就是张玉能缺乏对审美现代性的同情性体验，美学论争由此而起，我们从他对后实践美学的批评即可知道。"还做了一条注释，注明我在1994年和1995年的两篇文章。这就好像说明，我不懂当代西方美学，从而引起了对后实践美学的批评，产生了论争。这完全是不顾事实的想当然或莫须有！我的批评后实践美学的文章的确没有去谈当代西方美学本身，只是顺便谈了一点解释学美学，针对后实践美学本身进行批评。但是，我对于当代西方美学，包括现代主义和后现代主义美学，不是"始终不置一词"，而是说了许多，不过，章博士不知道而已，或者装作不知道。我的《西方文论思潮》（武汉出版社，1999年）对于当代西方美学的主要流派都有评述，而且是站在实践美学的立场上进行评述的，也吸收到新实践美学之中了；我的《后现代主义与实践美学的回答》［《华中师范大学学报》（人文社会科学版）2002年第1期］，《后现代主义与实践美学的同步》［《江汉大学学报》（人文社会科学版）2002年第4期］对于后现代主义美学的主要流派做了非常具体的文本分析，自认为好像国内当时还没有多少人做得如此细致。可是，章博士就是这样不顾事实，颠倒黑白，胡乱推理，造成一种极坏的印象。像这样不说明情况，就下判断，或者根据歪曲的事实来做断言，在章文中太多，不胜枚举。这是我首先必须说明的。

既然章辉已经把我所坚持的实践美学称为"新实践美学"，那么，这样也正好使我明确地表示自己的态度：新实践美学，既要告别旧实践美学，与时俱进，又要告别后实践美学，坚持和发展马克思主义美学。因此，对于章文所说的一些主要问题有必要进行一点阐述。

第一，关于实践概念。我认为，实践这个概念的含义本身并不是唯一的、固定不变的。在马克思主义创始人那里，至少是可以有广义和狭义之分的，因而实践就不能够与物质生产（劳动）完全等同；而在后来的"正统"的阐释者那里又做了具体的解释，把实践仅仅当作认识论的概念。所以，我依据马克思主义创始人在《关于费尔巴哈的提纲》《德意志意识形态》《1844年经济学哲学手稿》等原著的论述对实践做了一些新的界定，使实践概念更加准确和清楚地符合马克思主义实践唯物主义的原意。首先，实践是以物质生产为中心的，是人类现实的、社会的、感性的、对象化的活动。其次，实践还包括精神生产和话语实践。这是马克思和恩格斯在《德意志意识形态》中说过的。再次，实践是一个关系本体的概念，并不是一个实体本体，更不是一个先验的本体论概念。此外，我把实践分为物质生产、精神生产、话语实践是把马克思、恩格斯的广义和狭义的实践概念具体化。因此，我绝不是要扩大实践概念，来补充实践概念的"非物质性"，以"重建实践美学话语权"，那是错误的。我是力图如实地理解实践概念，使得实践概念实际上运用于美学的分析和研究。比如，从发生学角度来看，"美根源于实践"就主要是指物质生产，否则就会走向唯心主义；从本体论角度来看，"美是在社会实践之中人的本质力量的对象化"或者"美在创造中",就应该包括物质生产、精神生产、话语实践,否则必定产生片面的解释;从认识论角度来看,"美感是对美的反映的实践"就主要指精神生产,否则无法理解;从现象学的角度来看,"美是自由实践的显现"也应该是指物质生产、精神生产、话语实践。那么,总起来看,"美是显现社会实践的自由的形象的肯定价值",也应该指的是物质生产、精神生产、话语实践,不过,永远不能忘记以物质生产为中心,否则就不是历史唯物主义了。①再比如,实践是检验真理的唯一标准,这个哲学命题中,实践就不能仅仅指物质生产,而应该指一切与被判别的对象相关的现实的、感性的、社会的对象化活动,否则,这个命题就不能成立,或者不具有普遍性。

第二,关于"唯实践论"。首先,我从来没有这样说过。但是,实践美学既然以马克思主义实践唯物主义为基础,那么,实践就肯定是最基本的、中心的、根本的、核心的概念。实际上,现代主义和后现代主义的哲学和美学,由于忽视了实践这个人类社会的根本点,就把本来在实践之中应该统一的诸多因素,像感性和理性、主体和客体、理性和非理性、物质和精神、个体和社会等等,割裂开来了。只要是认真地读过马克思主义原著的人,对此应该是不难理解的。但是,现代主义和后现代主义的哲学和美学就是有意反对实践唯物主义的,而且,以被苏联"正统马克思主义"教条化和庸俗化的马克思主义体系为依据来进行反驳。因此,现代主义和后现代主义

---

① 见张玉能:《实践的结构与美的特征》,《华中师范大学学报》(人文社会科学版)2001年第1期;《实践的类型与审美活动》,《吉首大学学报》(社会科学版)2001年第4期。

的哲学和美学给我们的启示就是，一方面要反对把马克思主义教条化和庸俗化，另一方面还要坚持实践唯物主义，对于现代主义和后现代主义所提出的问题给予实践唯物主义的回答，以澄清事实。再次，理论与实践的关系也是辩证的。实践是理论的出发点，理论是实践的结果，又是进一步实践的必要前提。这就是毛泽东在《实践论》之中所说的"实践——认识——再实践——再认识"这样应该永远不断的过程。而且，一切现代和后现代的理论矛盾肯定只能在人类的实践之中去解决，不可能在理论本身的范围之中解决，美学的问题也是一样，脱离社会实践的任何理论都是苍白无力的，也是解决不了任何问题的。马克思所说的"批判的武器当然不能代替武器的批判"，从理论与实践的关系的语境中来理解，就是"理论的对立本身的解决，只有通过实践的途径，只有借助于人的实践的力量，才是可能的"①。章文已经引述了此语，后面的逻辑推断就是苍白无力的。美学确实要为现代人的存在建构意义空间，但是，离开了人的社会实践，尤其是自由的社会实践，哪来什么意义空间？那样所谓的"意义空间"就只能是胡思乱想，即使天花乱坠，也与人的实际存在没有任何关系，没有任何意义，那才是真正的"乌托邦"。如果人的意识、精神、理论可以真正地、实际地实现现代人的意义空间的建构，恐怕问题就不需要争论了，大家躺在舒适的席梦思的床垫上去胡思乱想，建构主体间性的后实践美学就行了。此外，实践美学，虽然已经达到了真理，但是并没有结束真理，只是找到了通向真理的道路，里面还有许多实际问题需要进一步探讨研究，真理是不可一次性终结的。所以，

---

① 马克思：《1844年经济学—哲学手稿》，刘丕坤译，人民出版社1979年版，第80页。

现代和后现代思潮就可以成为我们探讨真理的借鉴和参照，使我们的探讨和研究更加缜密、全面、实际。实践，当然不是什么"新上帝"，而是人类社会的一切物质的和精神的世界的根基，只有在这个根基上，才可能有真正的审美的自由之诗和哲学的超越之思以及人类的精神意义世界。这难道不对吗？实践虽然不能无所不包，但是可以实际运作所有的物质和精神世界的任何存在；实践虽然不会无所不能，因为也有失败的实践，但是正确的、自由的实践却是无所不能的。尽管至今为止的人类社会实践，由于长期的私有制和人类自身存在的有限性，产生了许多异化和危机，形成了人们反思的现代性的弊病，但是，这些是不正确和不自由甚至反自由的实践的恶果，而且要纠正这些恶果，还得靠人类的自由的、正确的实践本身，舍此别无他途。不对吗？

第三，关于人的全面自由的发展。这个思想的确来源于马克思主义的思想和论证，但是，它绝不仅仅是青年马克思的历史乌托邦，而是经过了马克思主义科学论证的科学社会主义的理想，虽然暂时没有实现，但是是一定可以实现的。当然，这个理想是不可能一蹴而就的，但它是可以通过人类的以物质生产为中心的社会实践不断去实现的，我们今天坚持和发展马克思主义实践唯物主义，坚持科学发展观，全面、和谐、可持续发展人与自然、人与他人、人与自我的关系，构建和谐社会，就是在进行实现这种伟大理想的社会实践。马克思主义关于生产力与生产关系的矛盾运动的学说，不是终结了这种伟大的理想，而是终结了一切空想社会主义的乌托邦，而且开辟了在生产力与生产关系的矛盾运动之中不断由必然王国向自由王国跃进的康庄大道。章文用启蒙主义的乌托邦及其现代性局限，来评说共产主义的人的自由全面发展的伟大理想，不是对于马克思主义的无知，就是有意地歪曲马克思主义。的确，在现代社会中，物质生产、精神生产、话语实践，都有其"否弃关系"的一面，但是，这是资本主义社会等一切私有制社会的具体规定性，包括海德格尔等一切现代和后现代思想家所批判的"工具理性""技术异化"，都是不自由、不正确、反自由的实践的表现和结果。所以，奥斯维辛集中营、生态环境的恶化、能源危机、苏联和东欧的和平演变等一切关系到人类生存的异化和危机，都不是"按照美的规律"进行的实践的结果，要解决这些问题，首先要靠生产斗争、阶级斗争、科学实验等物质生产实践，然后要依靠包括审美活动在内的精神生产实践，还要依靠人类交往的话语实践，而且，只有使这些实践达到自由的程度，才可能避免种种异化和危机，也才可能有美、审美和艺术对人的自由全面发展的促进。简言之，人类的不正确、不自由、反自由的实践造成的异化和危机，只有正确的、自由的实践才可以克服。因为人要生存，就必须进行以物质生产为中心的社会实践，人的生存本质上是实践的，人的实践要处理的是人与世界的全面关系，概括说来就是人与自然、人与他人、人与自我这三大关系，而这三大关系就构成了人的生存。因此，实践美学是从本质上、从根本上关心人的生存。而西方当代美学的丑学、荒诞范畴所反映的人的生存的无根状态，不从包括审美活动在内的自由的、正确的实践及其"按照美的规律"的审美本性来解决，难道在章文和后实践美学所主张的个体性的、精神性的、非理性的审美活动超越之中可以解决吗？现代和后现代的丑学、荒诞范畴，不是已经存在一个多世纪了吗？它们离开了自由的、正确的社会实践，除了悲观主义、虚无主义之外，就只能给实践美学提供反面的参照系。实践美学，特别是新实践美学，由于把美学建立在创造的、自由的实践基础上，才是真正对现实发言，才是人的自由存在的真正守护者，才具有真正的人文关怀，才是真正关心人的幸福的。

第四，关于人为什么需要美。首先，美虽然不是实践活动的副产品，但肯定是非本原性的，因为人首先必须吃、喝、住、穿，然后才能够从事艺术、科学、道德、宗教等其他的活动。其次，审美需要是人的本性之一，但是，这种需要是以物质生产为中心的社会实践的产物。正是这种社会实践使人脱离了动物界成为人，使人在实用需要（生理需要、安全需要、爱的需要、尊重需要）的基础上产生认知需要、审美需要、自我实现的需要。再次，人对无限和终极关怀的追求，也不会是乌托邦，而只能是对实践自由的追求，是全部世界史的产物，也不可能脱离这种社会实践的自我生成的世界史的过程。从个体来看，也是每个个体在自己的社会实践之中不断生成的。没有人的与他人组成一定社会关系所进行的社会实践，每个人全身心投入审美活动，怎么能体验现实中无法获得的自由呢？那不是弗洛伊德所说的"白日梦"吗？即使是白日梦，也是系在现实及其实践的无形绳索之上的风筝，肯定与人类社会实践所处理的人与自然、人与他人、人与自我的关系紧密相连。生命的完满性要靠审美乌托邦的幻影来认可，它就十分玄虚，而且每个人的审美乌托邦的幻影也不可能离开他的实际生活及其实践。这就是灾区的老太太不会去幻想兰花、饥肠辘辘的人对于最美的风景也不会产生欣赏的意愿、饱受饥饿之苦的人无法讲究食物的色香味形的原因。只有自由的实践才可以使人进行审美活动和审美想象，而正是这种不断展开的实践的自由使得人们可以去追求无限和终极关怀，而不是与之相反。生命的意义当然是人类及其每一个个体所赋予的，但是离开了以物质生产为中心的社会实践，生命的意义又会在哪里？人如果不首先通过社会实践解决自己的生存问题，又怎么去谋求发展，去追求美？此外，社会实践肯定是社会性的现实活动，然而也是精神性的超越活动，由现实的活动到精神性的超越是人类社会实践的由必然王国跃进到自由王国的永远不会终结的过程，它不仅提供人的肉体自由，也提供人的精神自由。正是这些实践中达到的一定自由显现在感性形象之中才生成了美这种肯定价值，它又引导人们在实践中追求新的自由。还有，我从来没有以对实践的分析代替对美的分析，而是在寻找美的分析的最终根源，不进行这种追根溯源的分析，就会坠入美的分析的无根状态。连美的实践根源、现实基础都不愿意认可，一味地关怀审美的幻影，那是一种反科学的、虚假的、走火入魔的人本主义，连费尔巴哈的人本主义的唯物主义水平都没有达到，是一种真正野蛮的虚无主义，是一种没有本根的生存主义，连萨特和海德格尔的存在主义的"人生在世"的高度都没有沾边。离开了现实的、社会的实践来解释审美活动，那才是真正地不着边际，连靴子的边都没有搔着，只能让人在审美的乌托邦的幻影之中麻木不仁、无所作为、想入非非。现代化进程中出现的个体的异化体验如孤独、焦虑、虚无、无意义，不是实践活动所能解决的，那么，审美乌托邦的幻影就能解决吗？如果不投身到调节人与自然、人与他人、人与自我关系的活生生的社会实践之中去，社会不可能改变现状，那么个体的异化体验如孤独、焦虑、虚无、无意义，就永远是解决不了的，这正是西方当代美学无法解决实际问题而陷入虚无主义、相对主义、悲观主义、形式主义、唯美主义、解构主义的根本原因，而且西方当代美学的这些不利影响正在一些唯西方当代美学马首是瞻的中国当代美学流派那里泛滥。我们新实践美学就是要与这些美学告别，走自己的路，建设中国特色的当代美学。

第五，关于新实践美学的基本逻辑。首先，新实践美学是以马克思主义实践唯物主义作为自己的哲学基础，当然就是以马克思主义哲学的实践本体论、实践认识论、实践辩证法、实践价值论作为自己的体系构架和运思逻辑。不过，对此章博士却是大不以为然的。他认为，马克思主义不是真理的终点，而是"古典哲学体系的构造方法"。当然，马克思主义没有终结真理，只是开辟了通往真理的道路，而且，马克思主义从19世纪中期诞生起就是现代哲学体系，而且不断与时俱进，与现代主义和后现代主义同步发展，相反相成，相辅相成，在拒斥古典形态哲学体系的形而上学、反对实体主义、反对庸俗进化论、回到现实生活的世界等方面，都是走在世界哲学潮流前列的。海德格尔就曾经明确地说过，马克思结束了形而上学，而尼采倒是最后一个形而上学哲学家。他在《哲学的终结和思的任务》之中说："形而上学就是柏拉图主义。尼采把他自己的哲学标示为颠倒了的柏拉图主义。随着这一已经由卡尔·马克思完成了的对形而上学的颠倒，哲学达到了最极端的可能性。哲学进入其终结阶段了。"[1]萨特也说过，马克思主义是当代唯一不可超越的哲学。当代解构主义大师德里达在《马克思的幽灵》中，称他以及其他当代哲学家都应该是马克思的

---

[1]　海德格尔：《哲学的终结和思的任务》，载《海德格尔选集》，上海三联书店1996年版，第1244页。

继承人，尤其强调了马克思的当代意义。福柯、阿尔都塞、马尔库塞、阿多诺等现代主义和后现代主义的哲学家和美学家都在总体上充分肯定并继承了马克思主义的基本逻辑。其次，就说历史与逻辑统一的原则，它仍然是构建哲学体系必须遵循的基本原则，就是章博士十分推崇的后现代主义哲学和美学也不例外。海德格尔的根本的存在论，本体论的解释学，都是以历史与逻辑统一的原则构建起来的。他对"存在"（sein）、"此在"（dasein）的研究以及由此推导出的存在主义体系，都是既上溯到古希腊哲学，又自成一个自洽的逻辑结构。德里达的解构主义也是这样建构起来的，尽管他最后连自己也会被消解掉，但是，他从批判古希腊哲学以来的逻辑中心主义、语音中心主义开始，以"差异""异延"为核心，由"差异""异延""播撒""替补""痕迹""重写"等概念构成了一个"文本之外，别无其他"的不确定的意义世界。伽达默尔的解释学，何尝不是如此？他重视历史经验所构成的"前见"（vorsicht）以及"效果历史"，以此来建构它的文本意义与"视界融合"的关系，从而形成他的文本意义不确定的解释学体系。福柯的知识考古学那就更加典型了，他从历史的发展来阐释知识本身，认为任何知识都是历史的产物，而又具有一定的结构形式，那就是"知识型"。福柯由结构主义走向新历史主义，不就是受到黑格尔主义和马克思主义的历史与逻辑统一原则的启示吗？至少是其中的一个决定性因素吧？[①]再次，新实践美学在马克思主义哲学的基本逻辑之上，吸取了西方20世纪现代和后现代的多元化、多视角、多层次、系统论

---

① 见张玉能：《后现代主义与实践美学的回答》，《华中师范大学学报》（人文社会科学版）2002年第1期。

的有益因子，形成了一个多层次、开放性、系统性的体系。众所周知，就方法论而言，它有三个层次：第一是元方法，所谓方法之方法，就是哲学方法，在这个层次上，新实践美学坚持历史唯物主义；第二是学科方法，就是自然科学、社会科学、人文科学的各个具体学科，作为方法来使用，在这个层次上，新实践美学运用多学科的成果来作为方法，因为美学本身就是一门边缘性学科；第三是具体方法，诸如观察法、内省法、实验法、问卷法、调查法等等，在这个层次上新实践美学进行了综合运用。因此，我在《美学要义》《美学理论》《美学教程》之中，对于美、美感和艺术等概念都做了这样的多层次、多元化、开放性的整体性探讨。比如，从认识论角度来看，美是对象的客观属性；从本体论角度来看，美是社会的属性；从发生学角度来看，美是社会实践达到一定程度的自由的产物；从现象学角度来看，美是附丽于感性形象之上的性质；从价值论角度来看，美是满足人的审美需要的一种形象的肯定价值；从信息论角度来看，美是一种反熵的形象信息；……关于美感，我同样是这样来分析的。从性质来看，我们规定美感是人所独有的社会意识，美感是超越了生理刺激和感官愉悦的精神性愉悦，美感是以情感为中介的包括认识、意志的完整的心理活动；从特征来看，我们规定美感是积淀着理性的直觉（认识），美感是隐含着功利的愉快（情感），美感是合规律与合目的的自由创造（意志）。而且，我们对美感的结构做了现代心理学的阐释：显意识（认识、情感、意志）——潜意识（直觉、移情、心理距离）——无意识（本能、需要、目的）。只要认真地读一读拙著和拙文，采取实事求是的态度，就无论如何也得不出章博士的这样不负责任的结论："历史唯物论并不能代替美学研究，后现代思潮是20世纪60年代以后的产物，后现代思潮的多元性、个体性、创造性、非决定论等正是实践美学所缺乏的。""相比传统实践美学，张玉能的新实践美学没有吸收新的思想资源，这就使之无法扩大其阐释域限，相反，在继承传统实践美学逻辑言路的同时，后者的基本观点连同诸多缺陷也被保留下来。"此外，说到本体论，章博士也是跟在现代和后现代的屁股后面盲目全盘否定哲学本体论的意义和价值，附和着他们的反本质主义、"美无本体"、反基础主义之类的偏见，走向了荒谬。其实，任何哲学没有本体论都是不可能成立的，因为本体论是关于存在的哲学学说，它要探讨存在的本原和方式，没有本体论的哲学就是无根的哲学。这一点，海德格尔在《存在与时间》已经做过分析。从西方哲学和美学的发展来看，从古希腊到后现代就经过了自然本体论（公元前6世纪—公元15世纪）——认识论（16—19世纪）——人类本体论［20世纪，其中又分为精神本体论（20世纪60年代以前）和语言本体论（20世纪60年代以后）］，大概由于16世纪的"认识论转向"而产生的"拒斥形而上学"就使得人们误以为哲学不需要本体论了，然而20世纪开始本体论的回归又是人们不可漠视的事实。就是在19世纪末20世纪初兴起的"拒斥形而上学"内部也发生了"人类本体论转向"。比如，开始极力反对形而上学、否定本质和本体的维特根斯坦，就经历了一个转折，形成了他的哲学和美学的前期和后期。前期的维特根斯坦认为，世界只有事实，没有本质和本体，而把事实分为可言说的和不可言说的，主张对于可言说的就把它说清楚，而对于不可言说的如本质、本体之类就要保持沉默。可是，本质和本体是抹杀不了的，经过思考，后期的维特根斯坦就开了一个口子，承认事实还是有所谓的"家族类似"，作为"语言游戏"的开放性的共相。美国后来的分析哲学家蒯因，进一步提出"本体论承诺"，就又让本质、本体悄悄地回到了哲学域限之内。所以，完全排除本体论是不可能的。不过，经过这样的探讨，这个本质、本体，已经不再是一种诸如理念、上帝、物质之类的实体，而是走向关系本体，比如：现象学的"意向性"，存在主义的先于本质的、人所选择的存在，以及"在世界之中"的存在，精神分析的"无意识结构"，结构主义的"语言结构"，解构主义的"异延"，等等。而马克思主义实践唯物主义的以物质生产为中心的社会实践也是这样的本质或本体，而且是人类本体论（社会本体论）的真正本质或本体。正是在马克思主义实践本体论的基础上，吸取了西方现代和后现代的"人类本体论转向"的学术成果，中国的实践美学，在20世纪90年代也在向实践美学的新形态发展。蒋孔阳先生的《美学新论》（人民文学出版社，1993年）引领了新实践美学的发展，他提出，美学要以审美关系作为美学研究的出发点，指明"美在创造中"，"美是多层累的突创"，美感是一个多层次的辩证统一体，等等。我在《美学要义》中更加明确提出：美学是以艺术为中心研究人对现实的审美关系的人文科学。这样，新实践美学就告别了传统实践美学，与后现代主义美学同步发展，而且避免了它们的种种偏见、谬见、盲见，切切实实地走着自己的路。还有，章文指责我"是在认肯'劳动创造了美'这一论断的前提下，在实践美学的既定逻辑构架下发展实践美学的"，认为"除了扩大实践的内涵外，张玉能的新实践美学仍然秉承传统实践美学的基本逻辑，在这种逻辑框架内，当代西方思想只能是异端，不可能被吸收进实践美学"。看了以上极其简略的叙说，明眼人应该知道，章博士的说法是完完全全站不住脚的。其一，事实上新实践美学虽然还有待完善，但是，它已经革除了传统实践美学的弊病，吸收了当代西方的思想资源，显示了它的崭新面貌和新的生命力。其二，章博士完全以西方当代思想的尺度来衡量和批评新实践美学，当然会得出错误的结论。要新实践美学完全新到现代和后现代的营垒里去，那是绝对不可能的，那样也会走向全盘西化的歧途。其三，章博士所了解的实践唯物主义、实践美学、现代和后现代思想都是极其零碎、片面、表面的，再加上一些故意歪曲，就必然错上加错，让人感到匪夷所思。尽管如此，但是我们还是对他的挑战予以应答，为的是追求真理，发展中国特色的当代美学。

第三章　新实践美学的创新

一、实践美学将放射出新的光辉

《新实践美学论》已由人民出版社2007年出版。看着自己和学生的学术成果变成受学术界同人和广大读者鉴别的对象，我心头涌起了许许多多的回忆和想法，真可谓百感交集，心潮澎湃。不过，在我心中最强烈的想法和情感最终汇聚成这样一个坚定的信念：实践美学将放射出新的光辉。尽管"实践美学终结了""告别实践美学""超越实践美学""实践美学是一次失败的尝试"等叫喊声不绝于耳，但是，《新实践美学论》的出版，不仅是对这些叫喊的回答，也是实践美学放射出来的一道新的光辉。我这样说，并不是狂妄自大，而是一种清醒的反思。

首先，我要简单回顾一下《新实践美学论》的产生过程。

在1993年北京呼家楼宾馆举行的中华美学学会的年会上，一些比较年轻新锐的美学家大量介绍了西方"后学"，会议上"后现代主义""后殖民主义"等新名词成为大家关注的热点，大家也在运用西方"后学"来审视中国当时的审美现象和美学思想的状况。在会下的一次闲谈中，杨春时、曹俊峰和我聊到当时中国美学界的沉寂和冷清，不禁回想起60年代和80年代的美学热，大家总有点不甘寂寞，于是相约要对当时已经成为当代美学主潮的实践美学进行一番检讨和审视。于是，在1994年第1期《社会科学战线》上就发表了杨春时的《超越实践美学　建立超越美学》，并且很快就把文章的清样寄给我，我就针对杨春时的文章写了《坚持实践观点，发展中国美学——与杨春时同志商榷》，开始写得很长，后来在责任编辑李英的要求下做了一些删改，发表在《社会科学战线》1994年第4期上。这样，实践美学与后实践美学的争论就正式开始了。以后争论又扩大到上海《学术月刊》等其他报刊。其时，我也针对杨春时的《走向"后实践美学"》（《学术月刊》1994年第5期）写过一篇《评所谓"后实践美学"》（《云梦学刊》1995年第1期）。不过，从1995年2月我就开始准备出国访学，先是在北京语言学院出国预备部学习德语，后来便于1996年10月到奥地利维也纳造型艺术学院艺术史研究所做访问学者，于是就与国内的实践美学与后实践美学的争论相疏远了。后来还是在维也纳的中国大使馆看到《人民日报海外版》和《光明日报》上的综述，这才知道实践美学与后实践美学的争论已经在国内比较热闹地展开了。在后实践美学的营垒里，除了杨春时，又增加了潘知常（生命美学）、王一川（体验美学）、张弘（生存美学）等人；而在实践美学阵营中也出现了许多中坚力量，像朱立元、王德胜、李丕显、陈炎、彭富春等人。因此，我对实践美学与后实践美学的争论又产生了兴趣。在国外期间，我进一步思考了实践美学的一些问题，深深感到实践美学面临一次巨大的挑战，也是到了飞跃的关口。因为我感到，后实践美学的拥护者对于实践美学的批评有两大盲点。一是他们依然死死抓住李泽厚不放，批来批去就是李泽厚50—60年代的观点，完全不管80—90年代实践美学的发展和变化，因此，没法让人信服。二是他们为了超越实践美学，完全不顾实践美学的哲学基础马克思主义实践唯物主义的现代性和与时俱进性，就一口咬定实践美学是一种传统的、古典的、过时的美学形态。所以，我于1997年10月归国以后就立即撰文来说明实践美学及其哲学基础马克思主义实践唯物主义的现代性、与时俱进性、与后现代主义的同步性，并且坚定了实践美学的观点。

当然，与此同时，我也从后实践美学的驳诘和质疑之中看到了实践美学本身的一些不足之处，尤其对于一些实践美学的基本概念（范畴）都还是模糊不清的，比如实践，这是马克思主义实践唯物主义和实践美学的最核心的范畴，然而，它的最基本规定却还是模模糊糊的。在很长的一段时间内，我国的哲学界和美学界都把实践当作一个不言自明的范畴在运用，几乎没有人想到要去追问实践的范畴究竟应该如何解释，大家陈陈相因，习以为常，以为是不言而喻的，可是当有人来质疑和诘问的时候又不知所以，只好顾左右而言他，没有办法自圆其说。鉴于此，我从内心深处感到要树立实践美学的形象，重建实践美学的话语威信，就必须从最基本的实践美学范畴做起，首先就是要廓清、厘定实践概念，因为它是马克思主义实践唯物主义的元概念，是实践美学的逻辑起点，不把实践范畴搞清楚，实践美学就会是空中楼阁。再比如，实践美学在20世纪80—90年代虽然成为中国当代美学的主导潮流，但是除了蒋孔阳《美学新论》比较系统的阐述及其他一些零散的论述以外，实践美学的美的范畴还是比较薄弱的环节，可以说没有形成一个完整的、系统的、科学的、自成一体的实践美学范畴体系。就是关于美的本质问题，在实践美学阵营内部也没有一个大致统一的界定，连一个相对集中的概念自由范畴的美学意义也还是模模糊糊的，似是而非的。这些当然就必然影响到实践美学的形象和话语威信。因此，我就开始做一些这样的建构工作，不再把精力耗费在与后实践美学论者的一般性争论上，而专心于对实践范畴的解释、阐述。这样，就先后写了一系列文章：《实践美学：超越传统美学的开放体系》（《云梦学刊》2000年第2期），《蒋孔阳美学体系的动态立体构成》（《武汉教育学院学报》2000年第5期），《实践的结构与美的特征》〔《华中师范大学学报》（人文社会科学版）2001年第1期〕，《重树实践美学的话语威信》（《民族艺术》2001年第1期），《形式美的基本特点》（《益阳师专学报》2001年第2期），《在后现代语境下拓展实践美学》〔《广西师范大学学报》（哲学社会科学版）2001年第1期〕，《实践的双向对象化与审美》（见刘纲纪主编《马克思主义美学研究》第4辑，广西师范大学出版社，2001年）。这些文章产生了一些影响，也就更加坚定了我进一步建构实践美学范畴体系的信心和决心。因此我申请了2001年国家社科基金项目"马克思主义实践美学范畴体系"，在各级领导和专家同行的大力支持下，这个项目得到立项，于是，我就带领着几名博士研究生开始研究这个项目。经过三年多的努力，这个项目的成果拿出来了。我一方面感到欣慰，因为毕竟有了一个实践美学范畴体系；另一方面，我又诚惶诚恐，因为这个实践美学范畴体系，还得不断完善，还有许多值得推敲的地方。不过，总算是有了一个结果。所以，可以说它是实践美学的一道新的光辉。

其次，从实践美学的发展实际来看，中国当代美学的主潮实践美学正在不断放射出新的光辉。

中国的实践美学产生于20世纪50—60年代的美学大讨论中，至今大约经历了三个大的发展阶段。第一个阶段是实践美学的确立时期，就是20世纪50—60年代，其代表人物是李泽厚。在中华人民共和国成立以后的美学大讨论之中，李泽厚作为比较年轻的美学家的代表，在与主观派（吕荧、高尔泰）、客观派（蔡仪）、主客观统一派（朱光潜）的争论之中，逐步明确地以马克思主义的实践观点为哲学基础，借鉴了当时苏联美学界的美学研究和争论的成果，提出了"人类学本体论美学""美是客观性与社会性的统一""自然美在于社会实践过程中自然的人化""美和美感是社会实践的积淀过程的产物"等命题，从而形成了实践美学的最初的形态，并且得到了比较多的美学家的赞同，蒋孔阳、刘纲纪、周来祥、聂振斌、李丕显、杨恩寰、梅宝树等美学家就是这个流派的中坚。这一时期的实践美学主要的成就在于初步形成了美学体系的框架，树立了最关键的美学命题，在美学大讨论中脱颖而出。李泽厚当然就是实践美学的主要奠基人。第二个阶段是实践美学的巩固发展时期，那是20世纪80—90年代，其代表人物是蒋孔阳、刘纲纪、周来祥。经过了1966—1976年的十年"文革"，随着改革开放和解放思想的新时期的到来，美学重新引起社会和人们的普遍关注，日积月累形成了中华人民共和国成立后的第二个美学热，在美学热之中实践美学也继续发展，逐渐成为中国当代美学的主导潮流。在新时期的思想解放的热潮之中，李泽厚的主要精力转移到"新启蒙"的思想运动方面，写下了一系列思想史论。在美学上他虽然仍然有所建树，但已经逐步地由实践的人类学本体论转到了心理的情感本体论，似乎已经渐渐地偏离了马克思主义的实践观点。不过，在这个时期，随着中国哲学界对于实践唯物主义哲学的深入讨论和研究，实践美学的研究进一步得到巩固和发展。蒋孔阳坚持马克思主义的实践观点，明确地提出了"美在创造中""美是恒新恒异的创造""美是多层累的突创"等命题，并且完成了他自己的总结性著作《美学新论》，把实践美学推进到"实践—创造"的层面，海纳百川地融汇了实践美学和中西美学的有益成果，使得实践美学成为多层累、开放性、与时俱进的美学体系，从而为实践美学成为中国当代美学的多元格局之中的主导潮流赢得了更大的空间和可能。刘纲纪孜孜不倦，一以贯之地为美学深入探究马克思主义哲学的实践观点基础，明确地提出了以马克思主义的实践本体论作为实践美学的哲学基础，继续阐发了"实践的自由"的范畴，巩固了实践美学的实践本体论基础，弥补了中国当代美学的本体论缺失，改正了李泽厚的人类学本体论的模糊、歧义、偏颇，从而真正完成了中国当代美学由传统认识论美学向社会（人类）本体论美学的转型。周来祥主要从中西美学发展史的角度，深广地总结了美和审美的实践辩证发展过程，提出了"美是辩证发展的和谐"的思想，使得实践美学深深地扎根于中西美学历史发展的沃土之中，为实践美学的继续发展提供了历史发展的证据，从而为实践美学成为中国当代美学的主导潮流建构了历时性维度。聂振斌、滕守尧、章建刚等人，从实践美学的基本观点出发，关注新时期日益兴起的审美教育、艺术教育、审美文化、艺术实践等广阔领域，为实践美学成为中国当代美学的主导潮流夯实了现实基础。还有一大批中青年美学家和美学教育家编撰了各具特色的实践美学的教材，为普及实践美学做出了贡献。这一时期，实践美学巩固发展，就水到渠成、理所当然地成为中国当代美学的主导潮流。第三个阶段是实践美学的创新时期，就是在20世纪90年代以后。20世纪90年代，由于西方形形色色的现代主义和后现代主义社会科学和人文科学的思想、观点、方法涌进中国大地，一些中青年美学家从实践美学内部发现了许许多多不完善、不明确、不恰当的地方，就运用西方的现代主义和后现代主义的思想、观点、方法，进行分析批判，逐渐形成了超越实践美学的后实践美学的流派。面对这股潮流，一些坚定主张实践美学的美学家，一方面应对后实践美学的挑战，另一方面也调整实践美学的体系，努力深化、修正、完善实践美学的体系，出现了一股实践美学的创新热潮。其中用力最多的就是朱立元、邓晓芒、易中天、彭富春等人。这个时期的成果还在不断出现，对其进行总结还为时过早。但是，实践美学正在走向创新之路却是一个实实在在的事实。

《新实践美学论》就是实践美学的创新成果之一。它作为2001年国家社科基金项目，原来的题目是"马克思主义实践美学范畴体系"，我们把它改为"新实践美学论"，一是为了突出它的创新意义，二是因为实践美学本来就是以马克思主义实践唯物主义和实践观点作为其哲学基础的，所以去掉修饰语"马克思主义"，仍然可以明白无误地标明其根本倾向。

再次，从具体的创新点来看，包括《新实践美学论》在内，我们对于实践美学切切实实地进行了若干新的开拓和完善：

1. 对于实践概念，根据马克思、恩格斯原文做了重新界定，提出实践是以物质生产为中心包括精神生产、话语生产的感性的、现实的活动。

2. 对于实践的结构、过程、类型、功能、双向对象化等与审美的关系做了新的阐释，对于实践美学的美和审美的本质进行了深入的开掘。

3. 对于"美是人的本质力量的对象化"的命题做了新的阐发，把人的本质分为"他们的需要即他们的本性"（《德意志意识形态》）、"人的类特性恰恰就是自由的自觉的活动"（《1844年经济学哲学手稿》）、"人的本质……在其现实性上，它是一切社会关系的总和"（《关于费尔巴哈的提纲》）三个层次，使得这个命题的内涵立体化、丰富化。

4. 以实践的创造性自由为中心，建立了一个完整的实践美学范畴体系：美是实践的自由的形象显现的肯定价值，丑是实践的反自由的形象显现的否定价值，崇高是实践的准自由的形象显现的肯定价值，滑稽和幽默是实践的不自由的形象显现的否定价值和肯定价值，悲剧性是崇高的集中表现，喜剧性是滑稽和幽默的集中表现，优美是柔美，崇高是刚美。

5. 提出了实践美学应该是人生论美学与审美人类学的统一。

6. 提出了实践美学涵盖着生态美学，生态美学是实践美学的题中应有之义。

7. 揭示了实践美学与现代主义美学和后现代主义美学的同步发展。

8. 以实践美学的基本原理回答了后实践美学的提问，比如关于美和审美的不确定性、差异性、超越性、普遍性、现代性等。

9. 指明了实践美学的最终目的是培养自由全面发展的人，突出审美教育的重要性。

10. 对于艺术的本质做了艺术生产论（艺术是一种特殊的生产形态）、艺术掌握论（艺术是人类掌握世界的特殊方式）、艺术意识形态论（艺术是一种植根于社会生活的意识形态）的综合。

11. 指明了游戏和巫术是艺术起源的中介，艺术起源于以劳动为中心的社会实践，而游戏和巫术是其中的主要中介。

12. 论述了实践美学的价值论维度，从价值论的角度论述美和审美的价值性，美和审美与人的审美需要、人的本质、人的社会性的密切关系。

当然，这个开拓和完善的过程并没有完结，正是在这个不断地开拓和完善的过程中，实践美学必将继续放射出新的光辉。

二、实践美学与后实践美学争论的重大意义

1993—2005年中国当代美学界的实践美学与后实践美学展开了一场争论。这次争论，是一个有转折性的历史事件，对于中国当代美学的发展具有极其重大的历史意义和现实意义。它不仅推动中国当代美学主导流派实践美学发展到了新阶段，从而产生了新实践美学流派，而且彰显了马克思主义美学的开放性和生命力，为马克思主义美学中国化准备了良好的氛围，造就了中国当代美学发展的多元共存的格局，给中国当代美学进一步发展奠定了良好的基础。

（一）争论使实践美学发展到新阶段

实践美学与后实践美学的争论是在改革开放新时期的大好形势下，中

国当代美学界在西方后现代美学思潮的直接影响下所产生的，它有力地推动实践美学发展到了新的阶段，出现了新实践美学流派。

自从中华人民共和国成立以后的第一次美学大讨论在50—60年代展开以来，经过"文化大革命"以后，以李泽厚为主要代表的实践美学逐步在中国当代美学中成为主导流派。然而，实践美学的一些问题也随之凸显出来了。比如，实践美学把实践概念仅仅理解为物质生产，因而从物质生产的实践到审美活动和艺术活动之间的过渡就成为实践美学难以自圆其说的死结；李泽厚的实践美学的人类学本体论美学或者人类学主体论美学，主要的学术资源是德国古典美学中的康德美学，而且所谓人类学只是一门人文科学，而在康德的时代还刚刚兴起，所以，李泽厚的一些关于人类学本体论、主体论哲学等方面的思考，确实是存在着不够周全的地方的，像杨春时一口气提出的十大问题应该引起重视；李泽厚提出的许多关于美学的概念设想等等也实在有许多值得进一步思考的空间，像"积淀说""形象思维""主体性"等等，实践美学的范畴体系的建构等等。当时，除了后实践美学的代表人物主要对实践美学，特别是李泽厚的实践美学采取否定和超越的态度，仍然有不少学者相信马克思主义的实践唯物主义，因此，我觉得实践美学尽管有这样或那样的问题，但它的哲学基础却是正确的、与时俱进的，也是有着巨大的阐释空间的，李泽厚先生的一些阐释并不是一种不可移易的固定模式，还是应该回到马克思的文本，并且吸取西方现代主义和后现代主义哲学和美学的一些资源，加以发展的。正是在这样的大形势下，特别是复旦大学中文系蒋孔阳先生八九十年代在传统实践美学的基础上，在《美学新论》等著作中提出了实践创造论美学的一些基本观点——"美在创造中""美是恒新恒异的创造""美是人的本质力量的对象化"等，还有武汉大学哲学系刘纲纪先生明确提出了实践本体论，山东大学中文系周来祥先生也提出了美的辩证和谐论，这些传统实践美学的进一步发展为新实践美学的产生奠定了基础。正是在这样的基础上，当实践美学与后实践美学的争论开始的时候，就出现了朱立元的实践存在论美学、邓晓芒和易中天的新实践论美学、徐碧辉的实践生存论美学、我的新实践美学等。这些新实践美学的流派，坚持了马克思主义实践唯物主义的基本原理，吸取了西方现代主义和后现代主义哲学和美学的思想资源，在进一步把马克思主义美学中国化的道路上，推动传统实践美学发展到了新的阶段，形成了上述这些新实践美学的具体派别。这是实践美学与后实践美学争论的一个重大贡献。如果没有这一次全面反思、清算传统实践美学的争论，传统实践美学就不可能有这么大的体系上的发展和完善，也就不会产生新实践美学的流派。

上述新实践美学的具体派别，在坚持马克思主义实践唯物主义（历史唯物主义和辩证唯物主义）的基本原理上是大致相同的，但是，在具体回应后实践美学的质疑和批评的角度、思路上却并不是完全一致的，主要表现在修正和完善传统实践美学的思想资源并不完全一致，有的是从海德格尔的存在论与马克思主义思想的相通之处入手，有的是从胡塞尔的现象学的哲学和美学可资借鉴的思想来思考，有的是从李泽厚先生在1990年代的美学思想的变化发展来进行进一步阐发。

就新实践美学而言，它与传统实践美学的不同之处，或者新的主要表现就在于：第一，对实践概念进行了重新界定，把实践规定为以物质生产为中心包括精神生产和话语生产的、感性的、现实的、双向对象化的活动；第二，重新阐释了实践的结构、过程、类型、功能、双向对象化与美、审美和艺术的关系；第三，重新阐释了"美是人的本质力量的对象化"的命题；第四，以实践的自由为中心，建构了一个比较完整的实践美学的美学范畴体系；第五，力图建构审美人类学和人生论美学相统一的新实践美学体系；第六，明确了新实践美学应该建构自己的身体美学、生态美学、生活美学、认知美学等分支美学。

总而言之，实践美学与后实践美学的争论促进了传统实践美学的反思和前进，把实践美学推进到了一个新的发展阶段，出现了新实践美学的一些具体的派别，对于作为中国当代美学主导流派的实践美学的进一步修正、发展、完善起到了极大的推动作用，在争论中涌现出了坚持马克思主义实践唯物主义的新的实践美学流派。

（二）争论彰显了马克思主义哲学和美学的开放性和生命力

在实践美学与后实践美学的争论中，为了论证实践美学的基本观点，实践美学的拥护者、坚持者更加努力地学习和研究马克思主义哲学和美学的基本原理，特别是马克思主义创始人的一些早期已经成为实践唯物主义者时的哲学和美学思想的论著，如《1844年经济学哲学手稿》《德意志意识形态》等，特别是对于《1844年经济学哲学手稿》中的美学思想展开了持久的、热烈的学习和研究，在争论中，新实践美学从许多方面引用、阐述了马克思主义美学奠基之作《1844年经济学哲学手稿》的观点、立场、方法。

　　新实践美学在学习和研究马克思主义哲学和美学的这些经典著作的过程中，在与后实践美学的争论中，主要做了两方面的工作：一是"推陈出新"，反思批判某些"正统马克思主义"的错误观点，把以前被"正统马克思主义"所遮蔽的马克思主义思想重新展现出来；二是"返本开新"，在争论中，新实践美学"回到马克思"，重新阐释了一些马克思主义美学的核心概念，比如"实践""人的本质"等。

　　众所周知，苏联"正统马克思主义"认为马克思主义哲学就是认识论或者能动的反映论，而没有本体论，因为它认为本体论是资产阶级哲学的理论观点。这种观点在中国哲学界和美学界流传很广，基本上成为一种不容置疑的定论。因此，实际上形成了一种现象：中华人民共和国成立以后的美学基本上是以认识论或者反映论为哲学基础的认识论美学，与西方近代"认识论转向"以后的认识论美学相一致，从而被后实践美学派认为是一种没有本体论的美学，甚至还停留在以德国古典美学为代表的西方近代认识论美学的水平上，没有与时俱进，从而认定实践美学是一种古典形态的或者近代形态的美学。为此，新实践美学首先批判了来自苏联"正统马克思主义"的这种"左"倾的错误观点。实际上，马克思在《1844年经济学哲学手稿》中就把人作为一种"类存在物"，并且明确规定了"自由的自觉的活动"就是人的"类存在"的本质和本质特征。在《德意志意识形态》中，马克思和恩格斯就把人的生产活动（实践活动）当作人类历史的出发点，并以人类的生产方式和经济基础来规定人类的历史发展和思想意识的形成。由此可见，马克思主义哲学不仅有本体论，而且是一种包含着自然本体论前提的社会本体论或者人类本体论。而且，马克思在《1844年经济学哲学手稿》中把人类的生产区别于其他一切动物的生产，认为"按照美的规律来建造"就是人类的生产与动物的生产的根本区别。因此，这恰好证明马克思主义哲学和美学的本体论就是一种实践本体论，是把人类存在、社会存在的本原和方式归于人类的自由自觉的物质生产劳动，因此，才有"劳动生产了美"或者"劳动创造了美"的命题。这也是人们往往直接把马克思主义美学称为实践美学的根本原因，因为马克思主义美学把美、审美和艺术的存在本原和存在方式归结为人类的以物质生产为中心的社会实践。这样，新实践美学在实践美学与后实践美学的争论中，从反思批判"正统马克思主义"的极"左"错误观点之中，重新揭示了马克思主义美学的实践本体论哲学基础，做到了"推陈出新"。还有像"人的本质"或"人的本质力量"的概念，在"正统马克思主义"美学和极"左"思潮的观点中，往往就是指的阶级性，从而被后实践美学认为"美是人的本质力量的对象化"是一种狭隘的美学命题。实际上，马克思主义创始人关于人的本质有三个相关的命题：在马克思和恩格斯的《德意志意识形态》中说的"他们的需要即他们的本性"，在马克思的《1844年经济学哲学手稿》中说的"人的类特性恰恰就是自由的自觉的活动"，在马克思的《关于费尔巴哈的提纲》中说的"人的本质并不是单个人所固有的抽象物。在其现实性上，它是一切社会关系的总和"。因此，"美是人的本质力量的对象化"的命题，并不像"正统马克思主义"的极"左"思潮所理解的仅仅是狭隘的阶级性的命题，而是包含着"他们的需要""自由的自觉的活动""一切社会关系的总和"三个由内向外的层次，是一个内涵丰富的命题，也是实践美学和新实践美学的基本命题之一。

从"返本开新"来看，新实践美学根据马克思主义创始人的经典文本，结合西方现代主义和后现代主义哲学和美学的最新成果，重新解释了实践概念。本来马克思和恩格斯在《德意志意识形态》中就已经把社会实践主要规定为物质生产和精神生产了，而且还论述了语言的物质性和实践性。这就表明，在19世纪中期，马克思和恩格斯不仅已经把物质生产和精神生产包含在实践概念之中了，而且在语言哲学还未兴起的当时就已经看到了语言的物质性和实践性，也就具有把语言（言语、话语）包含在实践概念之内的潜在意思了。到了法国的西方马克思主义主要代表阿尔都塞那里实践概念甚至包含着"理论实践"的概念，因此，他的学生福柯把实践扩展到话语实践或者话语生产也是顺理成章的事情。再加上20世纪以后西方哲学的"语言学转向"，语言哲学中兴起了一派"以言行事"的观点，英国语言学家奥斯汀就认为命名就是一种"以言行事"的实践。在有了马克思主义经典文本的根据的基础上，通过吸取西方马克思主义者和西方语言哲学家的观点和论述，新实践美学重新把实践界定为以物质生产为中心包括精神生产和话语生产的、感性的、现实的、双向对象化的活动。这就是一种"返本开新"。再比如，社会实践的双向对象化的问题。传统实践美学主要强调了"自然的人化"在美、审美和艺术的形成过程中的巨大作用，可是，对于"人的自然化"相对注意不够，尽管李泽厚先生后来也提出了"人的自然化"问题。实际上，人类的社会实践过程，就是一个双向对象化的过程。与人关系不密切、威胁到人类的生存发展的、荒野的自然界是不可能与人构成审美关系的，只有在长期实践中与人关系密切的、能够确证人的本质力量的"人化"的自然才可能与人构成审美关系，也才可能具有美，成为人的审美对象和艺术对象。但是，人毕竟是大自然的不可或缺的一部分，人不能凌驾于大自然之上，以主宰者的姿态对待自然，那样同样不可能形成人对自然的审美关系。马克思在《1844年经济学哲学手稿》中，恩格斯在《自然辩证法》中，都曾经反反复复地论述过人与自然的这种双重关系，阐述过社会实践是一种"自然的人化"和"人的自然化"的双向对象化的过程。因此，新实践美学就应该既看到"人化"的自然在美、审美和艺术的生成过程中的重要作用，也要看到"人的自然化"对于美、审美和艺术的和谐发展的重要意义，而且，这也是新实践美学的生态美学思想的重要依据。因此，只有"回到马克思"，依据马克思主义创始人的经典文本，才能够科学、全面、系统地理解马克思主义哲学和美学思想，从而开拓出实践美学的新局面。

无论是"推陈出新"还是"返本开新"，都证明了马克思主义哲学和美学是开放的、与时俱进的，具有强大的生命力，只有在马克思主义哲学和美学的观点、立场、方法的指导下，实践美学才能够结出丰硕的果实，开创出崭新的天地。这也是实践美学与后实践美学争论给予我们的重要启示。

（三）争论进一步促进了马克思主义美学中国化

在实践美学与后实践美学的争论中，超越美学、生命美学、修辞美学、生存美学等等，在论证自己的学术观点及思想的合理性、优越性时，往往都非常注意自己的美学思想与中国传统美学思想的千丝万缕的联系，并且力图以此来证明实践美学的非本土性。比如，有人认为李泽厚的主体性美学、人类学本体论主要来自德国古典美学，特别是康德的主体性哲学思想。在这样的形势下，实践美学作为一种马克思主义美学的形式当然就应该充分注意马克思主义美学的中国化。因此，新实践美学就非常注意把马克思主义美学的基本原理与中国传统美学思想的优秀遗产结合起来。这一点，在建构新实践美学的美学范畴体系的过程中就表现得最为突出。

传统的实践美学，虽然在1960年代周扬主持的高等院校教材《美学概论》中也注意到了美学范畴体系的建构，但是，从新时期正式出版和大量使用的实际状况来看，该书贯彻了传统实践美学的主要基本原理，不过，在对美学范畴的阐述和教学上，仍然没有形成一个完整的体系，还是分散地列举了美、崇高、幽默、滑稽、悲剧性、喜剧性等几个美学范畴。新实践美学在实践美学与后实践美学的争论中深感建构起以马克思主义美学为指导的美学范畴体系的重要性，而且着力于马克思主义实践美学中国化，充分吸取中国古代传统美学思想的精华，来建构新实践美学的美学范畴体系。

新实践美学首先坚持马克思主义美学的实践观点，以实践的自由为核心来建构美学范畴体系，把实践的自由分为四个维度：自由、准自由、不自由、反自由。以四个美学范畴分别对应这四个维度：自由——柔美（优美），准自由——刚美（崇高），不自由——幽默和滑稽，反自由——丑。对应实践自由和实践准自由的柔美和刚美就是直接运用了清代美学家姚鼐的"阴柔之美"和"阳刚之美"，并且也对应西方美学的优美和崇高。柔美又分为优美、优雅、秀美，刚美又分为大美、崇高、壮美。对应实践反自由的丑，被分为阴丑和阳丑，阳丑包括畸形、鄙陋、卑劣，阴丑包括怪异、怪诞、荒诞。对应实践不自由的有幽默（外丑内美）和滑稽（内丑外美），幽默又分为机智、谐谑、戏仿，滑稽又分为讽刺、讥诮、反讽。而悲剧性是刚美（崇高）的集中表现，喜剧性是幽默和滑稽的集中表现。新实践美学的这个美学范畴体系就是力图把马克思主义美学中国化，把西方美学与中国古代传统美学的美学范畴的用语融合在一起，形成一个阴阳互通、阴阳互变、相互转化、相辅相成、相反相成的马克思主义美学中国化的美学范畴体系。

此外，新实践美学努力倡导把审美人类学和人生论美学统一起来，从而实现马克思主义美学中国化的宏大目标。审美人类学是西方18—19世纪兴起的一门人文科学，德国美学家康德和席勒都曾经关注过，而且有所论述，这也影响了马克思，他在晚年曾经转向人类学，写下了丰厚的《人类学笔记》，《人类学笔记》也包含了一些审美人类学的内容；而中国古代传统美学思想是一种伦理型美学思想，强调"美善相乐""和合为美""天人合一"，最终目的就是造就美好人生和美丽心灵，所以蒋孔阳先生把中国古代传统美学思想称为人生论美学思想。新实践美学在坚持马克思主义美学实践唯物主义基本原理的基础上，力图把中西美学思想融会贯通，把审美人类学和人生论美学统一起来，建构以培养造就自由全面发展的人为终极目的的中国化马克思主义美学形态。

总而言之，新实践美学在实践美学与后实践美学争论的启示下，力图把马克思主义美学与中国古代传统美学思想有机结合起来，构建起中国特色马克思主义美学体系。

以上几点就是实践美学与后实践美学争论的主要重大意义。

三、实践的自由是审美的根本

拜读了杨春时的文章《实践乌托邦批判——兼与邓晓芒先生商榷》，他对于实践范畴的误解、曲解、批判，使我感到十分惊诧。因此，我要为实践范畴再说几句话，尽管近年来我已经为实践范畴说得不少了。

（一）实践绝不是乌托邦

实践范畴是马克思主义哲学的最基本的范畴，马克思和恩格斯在《德意志意识形态》中自称为实践唯物主义者，即共产主义者，马克思主义哲学可以称为实践唯物主义。这已经成为中国哲学界和美学界的共识，但是杨春时却为了维护自己的生存本体论的后实践美学，故意无视事实，把实践曲解为所谓乌托邦加以批判。不过，他的所谓批判已经超出了学术性的考察、审视、分辨的范围，似乎成为一种歪曲事实的审判。他的这种审判是建立在误解和曲解的基础上的。

首先，他把实践范畴判定为南斯拉夫实践派的思想遗产，并且宣判实践范畴（他所谓的"实践乌托邦"）"已经成为中国哲学、美学发展的障碍"。这真是让人啼笑皆非。马克思主义创始人反复论述过实践范畴，这个事实，我想早就熟读马克思主义原著的杨春时不会不知道。对于南斯拉夫实践派哲学与马克思主义哲学在实践范畴上的根本区别，在中国哲学界新时期关于实践唯物主义的讨论中做了十分清楚的阐述，好像也没有必要再加以重复。

其次，他把实践范畴曲解为历史科学的一个概念，并硬性规定马克思主义的历史唯物主义哲学不过是一种历史科学。这也是明明白白的歪曲。众所周知，哲学界历来就是把历史唯物主义作为马克思主义哲学的主要组成部分。尽管现在有学者认为，把马克思主义哲学称为辩证唯物主义和历史唯物主义是来自苏联的说法，但是至今哲学界也没有完全否定历史唯物主义是马克思主义哲学的一部分。而且，历史唯物主义无论如何也不能简单地等同于历史科学，它是指导历史科学的哲学世界观。这应该说是一个常识。就是退一万步讲，马克思曾经认为："历史本身是自然史的即自然界成为人这一过程的一个现实部分。自然科学往后将包括关于人的科学，正象关于人的科学包括自然科学一样：这将是一门科学。""关于人的科学本身是人在实践上的自我实现的产物。"[①]那么，美学作为一门人文科学能够离开人类的实践及其历史的变化发展吗？离开了实践这个根基，生存本体论可以成立吗？我们认为，实践既是一个历史科学的范畴，也是一个哲学范畴。从亚里士多德直到康德、黑格尔，乃至存在主义、本体论的解释学（海德格尔、伽达默尔）都是把实践范畴作为一个哲学范畴来言说和阐述的，只不过马克思主义哲学比上述那些哲学家的哲学更具有实践唯物主义的性质，是既历史地又辩证地，而且是现代唯物主义地运用着实践范畴的。

再次，他指责实践美学把实践的外延扩大了，以物质性吞没精神性，以物质劳动包容精神生产，进而以实践取代存在（生存），使其成为哲学基本范畴。其实，在马克思主义创始人那里，实践是一个以物质生产为中

---

① 马克思：《1844年经济学哲学手稿》，载《马克思恩格斯全集》第四十二卷，人民出版社1979年版，第128、150页。

心的包括精神生产和话语实践的完整整体，不过在创建实践唯物主义的过程中，为了突出物质生产作为社会实践的中心的最终决定性作用，马克思和恩格斯更多强调实践的物质生产的意义。但是，他们绝没有忽视实践的精神生产和话语实践方面以及物质生产的精神性方面，只是以前我们的解释者有所偏重、有所忽略，因而使得杨春时也产生了严重的误解。

实际上，人类的实践是人们为了实现自己的生存而进行的处理人与自然、社会、他人之间关系的感性的、现实的活动。因此，实践也理应分为三大类型：物质生产、精神生产、话语实践。物质生产主要是以物质的手段处理人与自然的关系，以解决人们的实际生存的问题（吃、喝、住、穿等）；精神生产主要是以意识（精神）的手段处理人与自身的关系，以解决人们自身的生存发展的问题（家庭、国家、道德、科学、艺术等）；话语实践则是在物质生产和精神生产的基础上，主要以语言为手段处理人与他人的关系，以解决人与人之间的交往以及与之相关的现实生存和发展的问题，也可以说话语实践是物质生产和精神生产的中介性实践活动，它不仅调节物质生产和精神生产之中人与人之间的关系，而且也调节物质生产和精神生产之间的关系。因此，话语实践对于人类来说，是一种具有实践本体论意义的活动。

马克思、恩格斯在《德意志意识形态》中大体上就是这样对实践进行分类的。他们说："以一定的方式进行生产活动的一定的个人，发生一定的社会关系和政治关系。……这些个人是从事活动的，进行物质生产的，因而是在一定的物质的、不受他们任意支配的界限、前提和条件下能动地表现自己的。"①"思想、观念、意识的生产最初是直接与人们的物质活动,与人们的物质交往,与现实生活的语言交织在一起的。观念、思维、人们的精神交往在这里还是人们物质关系的直接产物。表现在某一民族的政治、法律、道德、宗教、形而上学等的语言中的精神生产也是这样。"②这里虽然不是对实践进行分类学的研究,但是它所蕴含的分类学意义应该是不言而喻的。

此外,他认为实践美学拔高了实践概念的内涵,把实践由现实的、异化的活动变成了超越性的、自由的活动,从而构造了实践乌托邦。这应该说是一种有意的歪曲。实践,以物质生产为中心的社会实践,永远是现实的,尽管它有本真的和异化的两种形态。就本真的实践而言,物质生产、精神生产、话语实践都应该是超越的、自由自觉的活动,这一点马克思在《1844年经济学哲学手稿》中已经论述得非常清楚了,毋庸赘言。就异化的实践而言,马克思在同一部手稿中也说得明明白白:"劳动创造了美,但是使工人变成畸形。"③这就是说,异化的劳动具有两重性,它既可以创造美,也可以创造畸形(丑)。这难道就可以说明实践美学的实践乌托邦性质吗?按照这个逻辑,生存本体论的后实践美学就更是"生存乌托邦"了,因为人类的生存本身是充满异化的,丑恶、苦难、痛苦、烦恼、

---

① 马克思、恩格斯:《德意志意识形态》,载《马克思恩格斯全集》第三卷,人民出版社1960年版,第28—29页。

② 马克思、恩格斯:《德意志意识形态》,载《马克思恩格斯全集》第三卷,人民出版社1960年版,第29页。

③ 马克思:《1844年经济学哲学手稿》,载《马克思恩格斯全集》第四十二卷,人民出版社1979年版,第93页。

恐惧、死亡无时无刻不在世界的每一个角落、每一个人的生活中存在，那么，从现实的生存出发并以之为本体的后实践美学不就更是乌托邦了吗？实践好歹还是在活动，可以去克服、扬弃、超越异化，生存不就是活着吗？异化的活着不同样被乌托邦化了吗？不全面看问题就不可避免地掉进自己所设的陷阱之中。

（二）实践是人类和社会的本体

实践的本体论地位和作用，并不是哪个人可以随意确定的，它本来就存在于人类和社会的发生、存在方式和发展过程之中，不过是由历代的哲学家逐步发现和揭示出来，而马克思又是在前人的探讨基础上，以准确的、正确的、科学的观点、立场、方法，发现、揭示并创建了实践唯物主义。实践美学就以这种实践唯物主义作为哲学基础，是在实践本体论之上建构的美学体系。

正如毛泽东所说，"马克思主义者认为人类的生产活动是最基本的实践活动，是决定其他一切活动的东西"[1]，马克思和恩格斯也确实是从物质生产活动（劳动）这个"整个人类生活的第一个基本条件"[2]出发来谈实践的，因此，作为实践美学的哲学基础或逻辑起点的实践就只能是物质的生产活动，即劳动。这种实践活动，是人的感性活动，是客观的

---

[1]　毛泽东：《实践论》，载《毛泽东选集》第一卷，人民出版社1991年版，第282页。

[2]　恩格斯：《自然辩证法》，载《马克思恩格斯全集》第二十卷，人民出版社1971年版，第509页。

活动，是"环境的改变和人的活动的一致"①，是改变世界的活动。这种劳动是人同动物的最后的本质区别。"在某种意义上不得不说：劳动创造了人本身"②，这正是实践的本体论的根本。马克思对于这个"劳动"做出了这样的说明："劳动，这只是一个抽象，就它本身来说，是根本不存在的；……只是指人用来实现人和自然之间的物质变换的一般人类生产活动，它不仅已经摆脱一切社会形式和性质规定，而且甚至在它的单纯的自然存在上，不以社会为转移，超乎一切社会之上，并且作为生命的表现和证实，是还没有社会化的人和已经有某种社会规定的人所共同具有的。"③因此，这里所谈的劳动实践是个一般的概念，一方面，"劳动作为使用价值的创造者，作为有用劳动，是不以一切社会形式为转移的人类生存条件，是人和自然之间的物质变换即人类生活得以实现的永恒的自然必然性"④；另一方面，劳动"是人的自由活动"⑤，它不同于动物的生产，人的生产是全面的，人甚至不受肉体需要的支配也进行生产，并且只有不受这种需要的支配时才进行真正的生产，人再生产整个自然界，人

---

① 马克思：《关于费尔巴哈的提纲》，载《马克思恩格斯选集》第一卷，人民出版社1972年版，第17页。

② 恩格斯：《自然辩证法》，载《马克思恩格斯全集》第二十卷，人民出版社1971年版，第509页。

③ 马克思：《资本论》，载《马克思恩格斯全集》第二十五卷，人民出版社1974年版，第921页。

④ 马克思：《资本论》，载《马克思恩格斯全集》第二十三卷，人民出版社1972年版，第56页。

⑤ 恩格斯：《政治经济学批判大纲》，载《马克思恩格斯全集》第一卷，人民出版社1956年版，第611页。

则自由地对待自己的产品。"动物只是按照它所属的那个种的尺度和需要来建造，而人却懂得按照任何一个种的尺度来进行生产，并且懂得怎样处处都把内在的尺度运用到对象上去；因此，人也按照美的规律来建造。""人不仅象在意识中那样理智地复现自己，而且能动地、现实地复现自己，从而在他所创造的世界中直观自身。"①这些都直接告诉我们，实践美学所据以为出发点的实践，即物质生产活动（劳动），恰恰就是人的、社会的、美的本原，而且它本身绝不是一个理性主义的、二元论的、人类中心论的概念。因为它不仅包含感性的活动，也包含人的全面的需要（非理性）；它不仅是创造人自身的活动，也是再生产整个自然界的活动；它不仅是一种合目的的活动，也是一种合规律的活动。因此，正是实践的自由自觉的性质，使它成为把人区别于动物的"按照美的规律来建造"的活动。所以实践美学的关键在于实践的自由。换句话说，并不是任何实践（劳动）都可以创造美和审美，而是只有当实践（劳动）实现了它的自由本性，即达到一定自由程度时，它才创造出美、审美和艺术。

根据马克思的论述，我认为，实践，以物质生产为中心的人的社会实践活动，是人类主体以物质条件为依据，诉诸对象世界这个客体的感性活动，是人类改造世界的客观活动，是人类自我生成、人类社会产生的根本。它就是人类和社会的本原，也是人类和社会的存在方式，这就是实践本体论。实践本体论是关于人类和社会的本原和存在方式的哲学学说。

---

① 马克思：《1844年经济学哲学手稿》，载《马克思恩格斯全集》第四十二卷，人民出版社1979年版，第97页。

（三）"实践—创造"的自由使人超越自我和世界而生成审美

按照马克思在《关于费尔巴哈的提纲》、马克思和恩格斯在《德意志意识形态》以及其他主要著作中的论述，实践是人的生存基础、人的存在方式、人的本质的主导方面。人必须通过物质生产来满足自己的物质需要，与自然界进行物质和能量的交换，以保证自己的肉体存在；人还必须从事精神生产来满足自己更高层次的发展性、精神性的需要，以充分地自我实现，成为真正意义上的人；人必定在以物质生产为中心的社会实践中结成一定的社会关系，并且在社会实践中不断自我生成，完整地创造自己的历史。所以，实践，不仅仅是人的本质力量的对象化的感性活动，而且是人类自由自觉、有目的、有意识的理性活动；实践不仅仅是人类认识的基础，而且也是将外在对象移植到人们的意识之中的转换器，更是检验认识的真理性的唯一标准。人在社会实践中，不仅使大自然由与人关系不密切的甚至威胁到人的生存的"自在的自然"逐渐转化为与人关系密切的、能确证人的本质力量的"为人的自然"，成为"人化的自然"，而且不断改变着自身的性状，使自己不断全面、丰富地发展，由私有制条件下的异化的人逐步成长为得到自由发展的全面的人，成为"人化"的人，也就是说，实践也是一个自然对象化为人的内在尺度的过程，即一个人的自然化或"人化"的过程，因为人只按自己的物种的尺度来建造就仍然是动物，只有当人能够按照自然界任何物种的尺度来建造时，他才是真正的人。实践是一个生生不息、充满活力的动态过程，它不是一个永恒不变的实体，而是包含人与自然、人与社会、人与意识等一切关系，亦即包含主客体间性、主体间性的动态开放过程。因此，实践是唯一一种能够超越一切客体与主体、理性与感性、个体与社会、物质与精神、主客体间性与主体间性等二元对立的动态过程，而且也是一种人类超越现实并且自我超越的开放过程。

简而言之，实践是人类的有目的、有意识的对象化的感性活动，是一个自然的"人化"与人的自然化（人的"人化"）相统一的过程，是人类超越自然和自我超越的生存方式，是人类确证自己的本质力量的活动。实践在某种宽泛的意义上可以说就是人的现实活动，一般与人的意识过程、理论活动相对而言。

由此，我们可以把实践从具体表现形式上分为物质生产、精神生产、话语实践，从发展程度上分为获取性实践、创造性实践、自由（创造）性实践。关于前者，我已经在《实践的类型与审美活动》［《吉首大学学报》（社会科学版）2001年第4期］中论述了，因此，在此就不多说。我只想说明，这三类实践都是既有主客体间性的，又有主体间性的。物质生产当然主要是主客体间性的，但是，物质生产是必须在一定的社会关系之中才能进行的，所以它必然又是主体间性的；精神生产虽然主要是主体间性的，但是，精神生产也离不开物质性的符号表现，比如宗教仪式、艺术作品、科学理论、伦理规定，所以它必然又是主客体间性的；话语实践尽管是主体间性最强的，但其无论如何也离不开语言符号这个客体，而且话语的对象在一定意义上也就是言说者的客体，所以它必然也是主客体间性的。所以，实践美学并不是一种纯主体性的美学，也不是一种唯主体间性的美学，而是一种全方位的关系性的美学，这正是由实践的概念所规定的。

获取性实践是早期人类与灵长目动物所共有的、很难显现人的本质的活动方式。根据考古学和人类学的研究，"在比距今100万年较晚的时期中，只存在有人属成员，我们还知道他们制造了石器。除非有足够的理由去作其他设想，下结论说在史前时代只有人属才能制造工具似乎是明智的"①。早期原始人属过的是"狩猎—采集"的生活，"猎取肉食和采集植物的结合作为一贯的维生策略，是人类所独有的"②。这时的人类生活就是以"狩猎—采集"为主的，"只是在仅仅1万年前我们的先辈才发展了农业，才开始改变那种简单的生存方式"③。这种"狩猎—采集"的生活方式就是以获取性实践为主的，但那时开始的制造石器的实践包含着创造性实践的萌芽。"大约在140万年以前，在非洲发现一种新型的石器组合，考古学家称之为阿舍利工业……于是在人类的史前时代第一次有了证据表明石器制造者心中有一个他们想要制造出来的石器的模板，他们是有意识地将一种形状施加于他们利用的原材料上。"④"当我们的祖先发现了持续地制造锋利石片的诀窍时，便有了人类史前时代的一次重大的突破。"⑤这就是创造性实践的开始。而现代智人的起源却是经过了相当漫长的"狩猎—采集"时期，"产生现代人的进化活动发生在500000年前至34000年前之间"⑥。"长期以来，人类学家们相信，在大约35000年前的考古记录中突然出现的艺术表现力和精巧的技术，是现代人进化的一种清楚的信号。"⑦

创造性实践是一种制造出自然界原本没有的事物的实践活动。这在人

①②③④⑤⑥⑦ 理查德·利基：《人类的起源》，吴汝康、吴新智、林圣龙译，上海科学技术出版社1995年版，第32、46、46、31、32、63、62页。

类进化史上最早的表现就是石器的制造，它开始于大约140万年以前，而在大约35000年以前的旧石器时代晚期似乎形成了一次飞跃。"在欧洲大约35000年前，人们开始用仔细打下的石叶制作形状精细的工具。骨和鹿角首次被用作原料来制作工具。工具种类在100种以上，包括用以制作粗糙衣服的和用于雕刻的工具。工具首次成了艺术品。例如在角制的投掷器上装饰上雕刻活生生的动物。珠子和垂饰出现于化石记录中，这是新的用于身体装饰的物品。最引人注目的是在洞壁深处的绘画，表达出一种正像我们自己一样的精神世界。与先前的停滞占主导的时代不同，现在革新是文化的本质，变化是以千年而不是以10万年来计量。这个被称为旧石器时代晚期革命的总的考古信号，是现代人心智在起作用的清晰的证据。"[1]西方艺术史家们也认为："支配这一艺术的准则与其说是来自先决的密码，毋宁说是来自创造的天性，它的发展被视为生命一般，至关重要。"[2]"人类运用手工技术的历史可以上溯到200万年前，它代表人类征服自然的开端，在非洲东部留下了目前已知最早的例证。……在100万年前的非洲、50万年前的亚洲与欧洲，'直立人'（Homo erectus）将石头的正反两面切成锐利的棱角，以此制作更方便的工具。在中国，直立人开始学习如何使用火，显示其智力又更进一步。再经过25万年人类已能制造质地较平滑、形状较规则的石斧（chopper）和一种多功能的手斧，有的甚至略呈对称的形状。

---

[1]　理查德·利基：《人类的起源》，吴汝康、吴新智、林圣龙译，上海科学技术出版社1995年版，第71—72页。

[2]　雅克·德比奇等：《西方艺术史》，徐庆平译，海南出版社2000年版，引言第3页。

意识到形式与功能后，两者之间的关系成为工具制作的重点，而艺术创作便在这样的过程中迈出第一步。"①我们认为这"第一步"就是由创造性实践迈向了自由创造的实践。

自由创造的实践，也可以叫作自由的实践，这是一种运用一切物种的尺度（规律）来进行的，超越了人的物种尺度和实用的、认知的、伦理的、巫术宗教的功利目的的，为某个社会群体所认同的社会实践。正是这种自由的实践使得自然与人的关系发生了根本性的改变，自然从与人关系不密切的甚至威胁到人的生存的"自在的自然"逐步转化为与人关系密切的、确证人的本质力量的"为人的自然"，与此同时，人本身也由仅仅具有一己的物种尺度的属人的人逐步转化为不断把握着一切物种的尺度并且随时随地都能够把这些内化为自己的意识结构的尺度运用到对象上去的"人化"的人，这个过程也就是所谓的人与自然的双向对象化——自然的"人化"和人的自然化，这时候在"人化"的自然与自然化的人（"人化"的人，即具有扬弃了自然性的人性的人）之间就形成了一种超越了实用的、认知的、伦理的、巫术宗教的功利目的的关系——审美关系，这种人对现实的审美关系是把形式与功能两者之间的关系作为实践的重点的关系。它是人要求对象的外观形象能够满足人的审美需要，而对象的外观形象也能满足人的审美需要的特殊关系，它是超越直接功利目的的、主要与对象的外观形象所发生的、充满着情感的关系。这种审美关系体现在对象客体之上就是美，体现在人这个主体之上就是美感。艺术则是这种审美关

---

① 修·昂纳、约翰·弗莱明：《世界艺术史》，范迪安译，南方出版社2002年版，第34页。

系的集中表现。

　　具体来说，在自由实践中生成的审美关系体现为产生美和美感的过程，我们可以做一些推测。一方面，在这种自由实践中，人们直接创造出来的对象就在外观形象上生成了美。比如，当原始人加工制造石器的时候，逐步自觉地把石器打造得对称、光滑、比例和谐，因此，一把石斧和石刀就以这种对称、光滑、比例和谐的形式体现为美。与此同时，石器的对称、光滑、比例和谐使得石器能够更加好地实现它的狩猎功能，因此猎人就更加朝着这种形式美的方向加工制造石器，所以他们对于对称、光滑、比例和谐等形式美的感受也就几乎同时生成。从考古学对旧石器时代晚期的石器的研究大致可以肯定以上的推测是合乎实际的，人类最早的美就是石器的形式美，人类最早的美感就是对石器的形式的美感。前面引述的理查德·利基的那段话就可以证明。另一方面，那些并非人们直接加工改造的自然对象，就在这种自由实践中所形成的审美关系的背景和语境下，它们的自然属性对于人也就转化为美，人们对于这种自然属性所转化而成的美同时也就产生了美感。像太阳，在我国的古代神话后羿射日中，当天空并存十个太阳的时候，人们的生活实践还是初步的、获取性的，因此没有太阳的美，它只是"自在的自然"，然后经过了后羿的射日，射下了九个太阳，只剩下一个太阳的时候，这时人的实践有了一点点自由，太阳就与人发生了审美关系，太阳的金黄的颜色、圆圆的形状、温暖的光芒等自然属性就转化为美了。与此同时，人们对于太阳的美也产生了美感。

　　总之，从发生学的角度来看，美和美感是自由实践的产物，正是这种自由的实践使人与自然产生了审美关系，在这种审美关系之中一切对象的自然属性超越了人的物种的尺度，按照自己各自的物种的尺度显现出来，并转化为美的属性，而人本身也在这种自由实践和审美关系之中超越了自己的实用的、认知的、伦理的、巫术宗教的功利的需要和目的，以自己的审美需要去对待自然对象或自己的创造物，这就产生了美感。需要说明的是，这里的超越并不是完全消灭，而是一种包含保留、隐藏、消除的扬弃，所以，美和审美在我们看来并不是非功利的、无功利的，而是超功利的。即使是集中表现美和审美的艺术也是如此。

（四）主体间性是后实践美学的陷阱

主体间性的概念来源于胡塞尔的现象学哲学，这是现象学哲学的重要概念。"他提出这一术语来克服现象学还原后面临的唯我论倾向。在胡塞尔那里，主体间性指的是在自我本身和经验意识的本质结构中，自我同他人是联系在一起的，因此为我的世界不仅是为我个人的，也是为他的，是我和他人共同构成的。胡塞尔指出：'无论如何，在我之内，在我的先验地还原了的纯意识生命的限度内，我经验着的这个世界（包括他人）——按其经验意义，不是作为（例如）我私人的综合组成，而是作为不只是我自己的，作为实际上对每一个人都存在的，其对象对每一个人都可理解的、一个主体间的世界去加以经验。'（《笛卡尔的沉思》）胡塞尔认为自我间先验的相互关系是我们认识的对象世界的前提，构成世界的先验主体本身包括了他人的存在。""胡塞尔的'主体间性'理论，对现象学文学理论批评及整个西方现代批评理论发生了很大的影响，并成为西方现代批评中的一个重要概念。英伽登在谈到文学的艺术作品时说：'由于它的语言具有双重层次，它既是主体之间可接近的又是可以复制的，所以作品成为主体间性的意向客体，同一个读者社会相联系。这样它就不是一种心理现象，而是超越了所有的意识经验，既包括作家的也包括读者的。'"①"在胡塞尔现象学中，'交互主体性'（即主体间性——引者注）概念被用来标识多个先验自我或多个世间自我之间所具有的所有交互形式。任何一种交互的基础都在于一个由我的先验自我出发而形成的共体化，这个共体化的原形式是陌生经验，亦即对一个自身是第一性的自我—陌生者或他人的构造。陌生经验的构造过程经过先验单子的共体化而导向单子宇宙，经过其世界客体化而导向对所有人的世界的构造，这个世界对胡塞尔来说就是真正客观的世界。"②

由此可见，主体间性（intersubjektivität）在胡塞尔的现象学中就是一个重要的策略性概念，为的是防止在进行了现象学还原以后所面对的事实的世界变成一个纯粹的唯我的意识世界，需要有一个先验的自我或世间的自我与他人的"共体化"，这样才可以构造出一个客观存在的"生活世界"。其实这里所说的主体间性不过是一种掩耳盗铃的自欺欺人的哲学狡计，它根本无助于消弭胡塞尔的主观唯心主义的本体论性质。但是，主体间性却为现代主义和后现代主义反对启蒙主义以来的现代性的主体性哲学和美学提供了一个可以使用的武器，用主体间性这个武器恰好可以消解

---

① 王先霈、王又平主编：《文学批评术语词典》，上海文艺出版社1999年版，第406页。

② 倪梁康：《胡塞尔现象学概念通释》，生活·读书·新知三联书店1999年版，第255页。

启蒙主义以来的现代性的"主体—客体"二元对立的主体性哲学和美学，让哲学和美学回到人的"生活世界"，避免那种离开人类"生活世界"的客体与主体的隔绝和对立。这也就是我们多次说过的西方美学的发展大趋势：自然本体论美学（公元前5世纪—公元15世纪）→认识论美学（16—19世纪）→社会本体论美学（20世纪60年代以前的现代主义的精神本体论和形式本体论美学→20世纪60年代以后的后现代主义语言本体论美学）。主体间性概念诞生于20世纪初现代主义的现象学哲学和美学中，用意正在消除主体与客体之间的对立和隔绝，让主体与主体之间的相互关系和相互作用来构造一个与人不可分离的"生活世界"，在现象学美学中构造出一个作为主体的作家和作为主体的读者甚至作为主体的作品之间的相互关系和相互作用的审美世界，从而排除那种离开审美意识经验的客体的存在。这些当然是有积极意义的。而到了后现代主义的"语言学转向"以后，语言的主体间性、对话、交往、沟通的性质特点，使得后现代主义的哲学家和美学家进一步地运用主体间性来消解"主体—客体"二元对立的现代性的主体性哲学和美学，用主体之间的相互关系和相互作用来取代和消融主体与客体之间的相互关系和相互作用，在哲学和社会理论中就是哈贝马斯的"交往理性"的理论，在美学中就是本体论的解释学美学（海德格尔、伽达默尔）、接受美学（姚斯）、读者反应理论（霍兰德、伊瑟尔）、解构主义美学（德里达、福柯）等，现在，中国的后实践美学也争先恐后地往里面挤。

本来，主体间性概念的历史境况及其片面、偏激早就是十分清楚的，它不能指明中国当代美学的发展方向也是非常明显的。但是，杨春时为了超越、消解马克思主义实践美学，而匆匆忙忙从后现代主义的武器库中拾取了主体间性这个法宝，然而，实际上，主体间性却使得他的后实践美学陷入了让其难以自拔的泥沼。

首先，他把主体间性当作对主体性的超越，因此不顾历史事实笼统地把马克思主义实践美学硬是归为主体性美学。这是杨春时陷入的第一大泥沼。第一，他硬是将实践美学归为主体性美学的依据仍然是实践美学的早期代表李泽厚。我已经一而再再而三地说过，评价实践美学的性质特征一定要依据20世纪80—90年代发展起来的那些代表人物，比如蒋孔阳、刘纲纪、周来祥等。实际上，实践美学是与时俱进地凸显了关系本体的，不仅涵盖了后现代的主体间性，而且兼顾了"主体—客体"的关系。第二，他完全不顾历史事实。就如他自己所说："实践哲学建立在实践本体论的基础上，它认为存在是社会存在，而社会存在是人的物质实践活动，即在一定的社会关系中进行的人类改造自然的活动。"[1]其中许多故意的误解和曲解暂且不论，按其所言，实践是在社会关系中进行的，那么，社会关系不是主体间性是什么？怎么接着就可以下结论说"无论是青年马克思的实践论，还是康德的先验论，都属于主体性哲学。因此，实践美学的价值与缺陷都集中在主体性上面，对主体性理论的分析就成为评价实践美学的关键所在"[2]？这不就是被主体间性一叶障目而陷入了泥沼吗？

---

① 杨春时：《现代性视野中的文学与美学》，黑龙江教育出版社2002年版，第121页。

② 杨春时：《现代性视野中的文学与美学》，黑龙江教育出版社2002年版，第121页。

其次，他为了突出主体间性的统一神威就任意歪曲和贬斥实践的统一主体与客体的实际伟大力量。这是杨春时陷入的第二大泥沼。他说："实践哲学力图克服主体与客体间的对立，把二者统一于实践活动之中。但实践作为物质生产活动，本身就是建立在主体与客体分离的前提之下，而且实践活动也不可能最终消除主客对立，因为世界作为主体征服的对象不会消失，它仍然与人对峙。建立在实践哲学基础上的实践美学，必然产生一个根本性的问题，即审美如何克服主体与客体间的对立。实践美学作了这样的逻辑推理：实践是主体征服客体，人改造、征服自然，使自然'人化'，打上人的本质力量是（'是'应为'的'——引者注）烙印，自然就会成为人的'无机的身体'，从而克服了主客对立。这种推理的谬误在于，以为实践征服客体就可以解决主体与客体的对立，而实际上实践没有解决主客对立的二元论问题，主体与客体的对立仍然存在。事实上不是实践解决了主客对立，毋宁说正因为实践才出现了主体与客体的对立，因为在人类社会实践产生之前的原始社会，主客体的对立还没有发生。实践美学本来认为可以创造一个实践一元论，而又没有避免主客二分而沦为二元论，这是其始料不及的。"[1]第一，实践不仅仅是物质生产活动，它应该包含物质生产、精神生产、话语实践三大部分。关于这个问题，我已经有一篇《实践的类型与审美活动》[见《吉首大学学报》（社会科学版）2001年第4期]做了详细的论述，在此不再赘言。仅就主体间性而论，在杨春时看来，精神生产、话语实践应该说是主体间性的吧。第二，物质生

---

① 杨春时：《现代性视野中的文学与美学》，黑龙江教育出版社2002年版，第123页。

产为什么就不能消除主客体的对立呢？人类的物质生产恰恰就是要克服客体对象与人类主体的对立，使对象在实践中以自己的规律为人的一定目的服务，这不是主体与客体的统一又是什么？难道所谓主体与客体的统一就是要把对象也变成像人一样的主体与人对话交往沟通从而达到所谓的"共识"吗？第三，实际上，在世界上唯有实践才是统一主客体的手段。人类通过物质生产使自己从自然中提升起来，成为主体，把自然界、社会生活、自己本身都化作客体，但是，把这些对象变成客体的目的，当然不是要给自己设立对立面和对峙物，而是要让这些对象为自己的生存发展服务。这个实践的过程本身就是一个矛盾对立统一的、由必然王国向自由王国不断飞跃的过程，在其中有对立也有统一，有必然也有自由，所以，实践过程永远不会完结，对立统一的过程同样永远不会完结。这不就是人类实践的历史吗？除了这种实践，还有什么可以使人不断地走向主客体统一的自由王国呢？难道主体间性就有那么大的法力，可以一劳永逸地克服主体与客体的对立吗？第四，实践美学正是以这种唯一可以统一主体与客体对立的以物质生产为中心的社会实践来建构一个不断实践的、达到自由的审美王国。其中的逻辑，并不像杨春时说的那样，是单向的人的本质力量的对象化和人对对象世界的征服，那样是不可能产生美的，只可能遭到大自然的无情报复。实际上，人类的社会实践是一个双向对象化的过程。对象化是实践主体和实践客体在发生对象性关系和对象性活动中的相互规定、相互依赖、相互转化和相互实现的过程。确切地说，对象化是指互为对象的实践主体和实践客体相互渗透、相互创造的过程。在对象性的实践活动中，主体对象化（外化）为"物态性"的对象性客体，而客体则对象化（内化）为"人态性"的对象性主体。因此，对象化就是发生对象性关系的实践主体和实践客体相互转化和相互创造的双重化过程，是客体的主体化和主体的客体化能动而现实的有机统一。正是这种实践的双向对象化决定了审美活动中美和美感的同生共在。从发生学来看，美和美感是在实践中同时生成的。人们为了生存，首先必须吃、喝、住、穿，为此人们就不得不进行生产劳动实践。就在这种物质生产过程中，自然客体得到了改造，成了对象化了人的本质力量的"人化"的自然，同时，自然界也在主体的身心上对象化，使人成为能够适应自然环境的"人化"的人，这时，人（主体）与客体（自然）之间的关系就有可能逐步超越实用关系、认知关系，达到某种程度的实践的自由而产生审美关系。这种审美关系，即对象能满足人的审美需要，人也要求对象满足自己的审美需要的主客体之间的特殊关系。有了这种人对现实（自然）的审美关系，人才可能进入审美活动，而就是在这种审美活动的审美关系之中同时产生了美和美感，即审美关系在客体上生成美，而在主体上生成美感。美和美感是审美关系和审美活动的不可或缺的两个方面，是同时在以物质生产为中心的社会实践之中生成的。或者说，在以物质生产为中心的社会实践中，主体把自己的本质力量对象化到客体上，不仅使对象的某些性状可以维持人的物质存在，而且也能满足人们逐渐发展的审美需要。同时，在这种实践中，客体把自己的性状对象化在人这个主体上，不仅使人能够了解客体的各种性状，而且能从这些性状之中生发出审美需要和审美愉悦，这样，人（主体）与自然（客体）的双向对象化就生成了审美关系和审美活动，主体的客体化就在客体之上生成了美，客体的主体化就在主体之上生成了美感。美和美感是同时生成的，因为主体的客体化和客体的主体化是实践的双向对象化，是同时在实践过程中完成的，从而是不可分割的。所以唯有人类的社会实践的自由才可以使主体与客体相统一，才可以在实践的自由中生成主体的美感和客体的美。①

最后，他无限夸大了主体间性转向和主体间性的法力，从而得出了一些悖谬的结论。这是杨春时掉入的最大陷阱。我们在此撷取一些有代表性的说法来进行一点分析。第一，他把主体间性当成美的根源，实在是本末倒置。他说："只有把世界不是当作与人分离的客体，而是当作与自我一样的主体，与之交往，才可能使之成为审美对象或美。也就是说，只有在主体间性关系中，世界才能成为美的。这种情况只有在超越现实的精神创造中才可能发生，而在现实的实践活动中是不可能发生的。"②我们不禁要问，对象世界怎样才能变成"与自我一样的主体"？所谓主体，应该是有意识、有意志的能动的存在。要让山水花木等无意识的事物成为与自我一样的主体，当然只能依靠精神创造，在神话、童话、拟人化的文学艺术作品中的确就是这样的。但是，这种情况是人类长期社会实践的结晶，不是一蹴而就的，像杨春时现在这么轻巧地一说就可以实现的，用马克思的话来说，这是人类全部世界历史的产物。美只能在现实的长期实践自由的过程中产生出来，人类到了一定时候产生美、美感和艺术，都是在社

---

① 见张玉能：《实践的双向对象化与审美》，载刘纲纪主编：《马克思主义美学研究》第4辑，广西师范大学出版社2001年版。

② 杨春时：《现代性视野中的文学与美学》，黑龙江教育出版社2002年版，第124页。

会实践中由主体与客体分离到对立统一、由必然王国到自由王国的历史中生成的，我们现在不能忘记人类长期、艰难的社会实践的历史过程，轻轻松松地走入主体间性的精神创造中。关于美、美感和艺术的起源的问题，如果能够由主体间性的精神创造这么轻轻松松地解决了，那真是一个巨大的历史贡献。可惜的是，要让自然成为与自我一样的主体，这本身就是一个漫长的、永远没有尽头的社会实践的过程，而且没有其中占据中心地位的物质生产，人们不首先解决吃穿住行的问题，哪里可以奢谈什么美、美感和艺术？自然怎么可以与人对话沟通呢？第二，他通过主体间性把审美推到了理想境界的彼岸世界，从而陷入了虚无缥缈之中。他说："真正的主体间性在现实生活中并不存在，它只存在于超越的领域。审美作为超越的生存方式和体验方式，真正实现了主体间性。用主体性不能解释审美的本质，只有用主体间性才能解释审美的本质。这就是说，不能从主体性的实践论出发，而必须从主体间性的存在论出发，去论证审美的自由性和真理性。"①如果真如杨春时所说，在现实的实践中根本就不存在主体间性及其所规定的审美，那么，我们要这个东西干什么？他的主体间性和审美真比席勒的审美王国还要虚无缥缈。如果美的自由性和真理性都只有在超验的生存方式和体验方式之中去寻找，那么，人们的审美活动也太虚幻了。因此，把审美的自由性和真理性都推到了超验的彼岸世界，就等于把马克思主义实践美学刚刚从德国古典美学之中拉回到现实生活世界的美、美感和艺术重新放逐到了人们可望而不可即的天国之中。这是主体间性的

---

① 杨春时：《现代性视野中的文学与美学》，黑龙江教育出版社2002年版，第129页。

必然结果。因为主张主体间性的哈贝马斯早已说过："主体间性理论的基本观点是：如果言语者S和任意一个接受者就世界中的事物达成共识，那么，他也就成功地完成了一种言语行为。这样，主体间性理论就用一种更加复杂（因而也更加模糊），甚至于一种完全不同的概念，取代了意向主义理论的描述。"①一种审美理论建立在一种语言的交流所虚构的主体间性及其共识的基础之上，超验倒是超验了，可是完全没有了现实性，这样的审美的自由性和真理性，除了自欺欺人，还能是什么？一个巨大的虚空陷阱张开大口在等待着主体间性的后实践美学。第三，他用主体间性一笔勾销了中国20世纪的全部美学，陷入了后现代主义的否定一切的虚无主义之中。他说："实践美学对主体性的强调，实际上是对世俗现代性的认同，而没有对世俗现代性进行批判。这是由实践美学发生的历史环境——新时期的启蒙运动决定的。这表明实践美学还不具有现代性，还不是现代美学。"②这看起来好像是在批评实践美学，实际上是全盘否定了20世纪整个中国美学，因为，既然20世纪50—60年代形成、80—90年代成为中国美学的主潮的实践美学都不过是近代的、前现代的美学，那么更何况王国维、蔡元培、梁启超、鲁迅等人在20世纪头30年所建构的美学思想呢？因此，也只有后实践美学才"走上了建立主体间性美学的道路，这是中国美学现代性的道路。后实践美学将在主体间性的基础上重建现代中国美学，

---

① 于尔根·哈贝马斯：《后形而上学思想》，曹卫东、付德根译，译林出版社2001年版，第120页。

② 杨春时：《现代性视野中的文学与美学》，黑龙江教育出版社2002年版，第131页。

并由此完成与当代世界美学的接轨"①。原来一竿子打翻一整船的人，就是为了让后实践美学来充当中国当代美学的救世主，让沉船重新在后实践美学的引导下进入当代世界美学的主体间性的航道。这恐怕只是一种唯我独尊的话语霸权的表现，根本不符合当代世界美学发展的多元共存的开放态势。最终后实践美学这条船恐怕会在与后现代主义的主体间性接轨的过程中陷死在主体间性的航道陷阱之中。

---

① 杨春时：《现代性视野中的文学与美学》，黑龙江教育出版社2002年版，第131页。

后 记

　　这本《新实践美学的崛起》是应南京大学美学与文化传播研究中心主持人潘知常教授的邀请而编著的。他要主编一套"中国当代美学前沿丛书"，把中国当代美学新时期以来具有"首创"和"独创"性的美学流派和美学家呈现在读者面前。我被选为第一辑的作者之一，感到非常荣幸。本来是想趁此机会把新实践美学的来龙去脉、哲学基础、创新追求等主要方面重新写出来供大家批评指正，也算是对中国当代美学繁荣和发展的一点绵薄贡献。可是，无奈近来的身体状况似乎不允许做如此繁重的事情。于是，我就采取了编著的方式，选取了几篇有代表性的文章，特别是与当时的一些后实践美学及其他反对实践美学的学者的争论文章，编辑成为这本《新实践美学的崛起》。我后来想想，也许把这些旧文编在一起，特别是一些争论文章编在一起，似乎更有历史感、真切感、辩证感，可以让读者了解新实践美学的来龙去脉、主要观点及其内在逻辑和内在结构。因此，我把这些旧文编为三部分：一是新实践美学的哲学基础，二是新实践美学的发展，三是新实践美学的创新。这样也就可以把新实践美学的基本面貌呈现在读者面前了。

首先，应该说明的是，这里所谓的"新实践美学"，主要是指我和我的赞同者的美学流派和观点理论。这里的"新实践美学"是一种狭义的用法。另外还有一种广义的"新实践美学"，那就是以李泽厚为主要代表的实践美学的新阶段和新形态。这是在新时期实践美学与后实践美学的争论中逐步形成和发展起来的新的实践美学流派和观点理论。这种"新实践美学"是在蒋孔阳、刘纲纪、周来祥等老一辈美学家所开创的实践美学的新局面的基础上进一步发展而成的。因此，这个广义的"新实践美学"还应该主要包括朱立元的实践存在论美学、邓晓芒和易中天的新实践论美学、徐碧辉的实践生存论美学等。不过，这几家新实践美学都有了自己的专有名字，而我和我的学生有一本著作就叫作《新实践美学论》，于是，我就成为狭义的"新实践美学"的代表者。这是要各位美学同人和读者首先明确的，以免造成一些不必要的误解。

其次，关于新实践美学的来龙去脉，特别是发展的缘由，我在所选的文章中已经做了一番交代。在这里，我想再重复一遍。从广义的"新实践美学"流派和观点理论而言，新实践美学的缘起是对以李泽厚为代表的实践美学的进一步拓展和创新。它产生于20世纪90年代到新世纪的实践美学与后实践美学的争论之中，主要是在蒋孔阳、刘纲纪、周来祥等老一辈实践美学的主要成员的创新的基础上，坚持实践唯物主义的基本原理，修正和完善李泽厚的某些观点理论而形成的，因此，就有不同方面的修正和完善，于是才有了"实践存在论美学""新实践论美学""实践生存论美学""新实践美学"的不同称号。它们的共同点在于坚持实践唯物主义或者马克思主义实践观点的基本原理，而在修正和完善的方面有所不同。但是，它们都可以说是实践美学的新形态、新发展和新阶段，在许多基本观点理论上与李泽厚、蒋孔阳、刘纲纪、周来祥等美学家是基本一致的，而我们的新实践美学就主要是在蒋孔阳的"实践创造论美学"和刘纲纪的"实践本体论美学"的基础上形成和发展起来的。

再次，我们新实践美学的哲学基础就是马克思主义的实践唯物主义的整体，它应该包含着实践本体论、实践认识论、实践方法论、实践价值论等部分。我们在与后实践美学以及反对实践美学的学者进行辩论时，是把马克思主义的实践唯物主义作为一个完整的哲学体系来作为新实践美学的哲学基础的。按照流行的说法，这个完整的马克思主义哲学体系就是历史唯物主义和辩证唯物主义。按照列宁的说法，这是"一整块钢铁"的完整体系。不过，针对苏联"正统马克思主义"和近代西方认识论哲学和美学的某些偏颇之处，我们在建构和发展新实践美学的过程中，主要强调了实践本体论在新实践美学中的重要性，以纠正苏联"正统马克思主义"和近代西方认识论哲学和美学的单纯认识论的片面观点理论，尤其是要纠正曾在苏联、东欧、中国长期流传的"马克思主义哲学没有本体论""马克思主义哲学就是认识论"等片面的观点理论。这也是我们应该说明清楚的。我们并没有全盘否定认识论哲学和美学，但是，我们坚决反对把哲学和美学拘囿在单纯的认识论范围内，因为那样必然会导向片面和谬误。

最后，新实践美学对于实践美学的拓展和创新应该说是比较全面的，在我们所选的这些文章中已经做了比较全面的介绍和概括。在这里,我想再重复一下,让读者们有一个比较清醒的理解。新实践美学的创新探索主要表现在:

1. 对于实践概念,根据马克思、恩格斯原文做了重新界定,提出实践是以物质生产为中心的包括精神生产、话语实践的感性的、现实的活动。这样就修正和完善了李泽厚的实践美学仅仅把实践当作物质生产的观点理论。2. 对于实践的结构、过程、类型、功能、双向对象化等与美、审美和艺术的关系做了新的阐释,对于实践美学的美和审美的本质进行了深入的开掘。这应该是《新实践美学论》的主要贡献,对于实践这个核心概念进行了比较深入、具体、广泛的分析和研究,澄清了许多以前关于实践概念的似是而非的观点理论。3. 对于"美是人的本质力量的对象化"的命题做了新的阐发,把人的本质分为"他们的需要即他们的本性"(《德意志意识形态》)、"人的类特性恰恰就是自由的自觉的活动"(《1844年经济学哲学手稿》)、"人的本质……在其现实性上,它是一切社会关系的总和"(《关于费尔巴哈的提纲》)三个层次,使得这个命题的内涵立体化、丰富化。这对蒋孔阳的"美是人的本质力量的对象化"命题是一种拓展和创新,赋予了这个新实践美学的重要命题崭新的意义和价值,同时也就回应了对于"美是人的本质力量的对象化"命题的种种质疑和诘难。4. 以实践的创造性自由为中心,建立了一个完整的新实践美学的美学范畴体系:美是显现实践自由的形象的肯定价值,丑是显现实践的反自由的形象的否定价值,崇高是显现实践的准自由的形象的肯定价值,滑稽和幽默是显现实践的不自由的形象的否定价值和肯定价值,悲剧性是崇高的集中表现，喜剧性是滑稽和幽默的集中表现，优美是柔美，崇高是刚美。这是从实践美学到新实践美学的形成和发展过程中最为完整、系统的实践美学和新实践美学的范畴体系的建构，也是新实践美学的主要创新。5. 提出了新实践美学应该是人生论美学与审美人类学的统一。这是把马克思主义美学中国化的具体表现，实现了新实践美学的中国形态的探索，把中国传统美学思想的人生论美学与西方现代审美人类学在新实践美学的基础上有机结合起来，为建设中国特色当代马克思主义美学做出了有益的探索。6. 提出了新实践美学涵盖着生态美学、生活美学、身体美学、意象论美学、人生论美学、中和论美学等美学分支和理论形态，生态美学、生活美学、身体美学、意象论美学、人生论美学、中和论美学等是新实践美学的题中应有之义。从而在建构新实践美学完整体系方面做出了可喜的尝试和努力。实际上，新时代以来，新实践美学还在把其基本原理运用到文学、音乐、舞蹈、绘画、雕塑、书法、相声、电影、戏剧等艺术领域，阐述了这些艺术的本质和本质特征以及审美特征。也可以说，这是在更加广泛的层面上建构新实践美学体系方面的一种努力。7. 揭示了实践美学与西方现代主义和后现代主义美学的同步发展。这是针对新时期以来西方现代主义和后现代主义美学在中国的传播出现的问题，进行了一种梳理。把马克思主义实践美学和新实践美学作为与西方现代主义和后现代主义美学同步发展的世界性美学思潮和流派来考察，体现了新实践美学的全球化与本土化相结合的学术视野。8. 以实践美学的基本原理回答了后实践美学的提问，比如关于美和审美的不确定性、差异性、超越性、普遍性、现代性等。这样就有力地回应了关于实践美学和新实践美学是一种古典形态美学的偏见和谬论。9. 指明了实践美学的最终目的是培养自由全面发展的人，突出审美教育的重要性。同时，这也是把马克思主义实践美学和新实践美学与其他美学思潮、美学流派、美学观点理论相区别的根本方面，也是当代美学研究的根本目的之所在。从而显示了实践美学和新实践美学的本质和本质特征。10. 对于艺术的本质做了艺术生产论（艺术是一种特殊的生产方式）、艺术"实践—精神"的掌握论（艺术是人类"实践—精神"的掌握世界的特殊方式）、艺术审美意识形态论（艺术是一种植根于社会生活的审美意识形态）的综合探讨。这应该是坚持、丰富、发展马克思主义美学的一种完整、科学、系统的艺术本质论的研究和探索。11. 指明了游戏和巫术是艺术起源的中介，艺术起源于以劳动为中心的社会实践，而游戏和巫术是其中的主要中介。这是新实践美学关于艺术起源的一种新的探索。它既超越了西方美学的艺术起源的游戏说和巫术说，也纠正了艺术起源的劳动说的不周之处，应该说是一种比较合理的关于艺术起源的观点理论。12. 论述了实践美学的价值论维度，从价值论的角度论述美和审美的价值性、美和审美与人的审美需要、人的本质、人的社会性的密切关系。这是新实践美学把19世纪以后兴起的哲学价值论和美学价值论运用到美学研究中的一种新探索和努力，对于全面考察和探究美、审美和艺术具有创新和开拓的尝试作用，给中国当代美学的前沿探索开辟了一条切实可行的道路。

总而言之，《新实践美学的崛起》一书应该可以比较全面地展现新实践美学的来龙去脉、哲学基础、发展历程、创新实践等方面的主要面貌，也可以说是我从新时期到新世纪再到新时代的美学研究的一些主要成果的展现。希望这本小书能够帮助大家全面、深入、广泛地了解新实践美学，也可以算是我的新实践美学研究的一个小结。希望各位同人方家和读者大众提出宝贵的意见，使我能够在有生之年让新实践美学的观点理论更上一层楼。

张玉能

2020年9月1日于武昌桂子山知足斋